U0145201

初衷道

作者：水鳥師
封面畫作：荷風
封面繪者：王上鈺

五南圖書出版公司 印行

水鳥師

一位台灣補教界的重磅名師，
卻因罹患腦瘤曾進行開顱手術，
從此腦洞大開。
發願與大家分享自己的「初衷道」，
願施主凡事回歸本心，莫忘初衷。

序

回首初衷，是解決問題的最有效的良方

戀人愛得轟轟烈烈，到最後，不知不覺變得不愛了。壯志凌雲地發展事業，卻遇到瓶頸，忽然感覺快做不下去了。明明是非常珍惜的家人，但常常互看不順眼，老是吵架吵到快掀翻屋頂。正直的我眞誠待人，到頭換來的都是眞心換絕情，分手、背叛、遭陷害。其實沒什麼事，但是不知道爲什麼心情老是悶悶的，感覺很糟……。

可是我還是想愛、事業還是想做，我希望家庭圓滿和樂、想擁有左右逢源的人緣，我想快快樂樂地，只是，該怎麼做？

我該怎麼做？

那就回首初衷吧。

常常一件事情，在我們全心投入之後，經過一段時間，不知爲何，就會慢慢忘了你當時要投入這件事的初衷。也許是現實因素、可能是興奮沖昏了頭、更有機會是因爲你的做法有偏，不知不覺回不了頭。

沒關係，那就回首初衷吧。讓心境一切歸零重新開始、重新出發，你將會發現你重新面對的，將與你曾經遭遇的，會有截然不同的好結果。這本書的所有小故事是水鳥師的眞心感想、眞實經歷、原版創作，想法絕對不是最正確的，你也不一定要跟水鳥師想法完全一致。寫本書的用意，是分享、不是灌輸，是啓發、不是洗腦。你永遠擁有你自我的獨特靈魂去行走世界。只是，當發現路越來越窄，甚至走不下去了，就回首初衷。

因爲回首初衷，是解決問題的最有效的良方。你可以讓這本書，帶你回到你想要的初衷。

水鳥師二〇二四春於台灣宜蘭九聊道場

目錄

目錄

一、文風氣質道

1 我見青山多嫵媚

早晨起床送小朋友上學，眞是個美好的一天！天空藍澄澄地萬里無雲，太陽自東方斜向照在七星山上，從來沒發覺在台北城北方的丘陵是如此的有稜有角，明暗分明，眞是亮眼！

「曉諭，你看前面的山，」我對坐在後座、睡眼惺忪的對女兒說，「很漂亮吧，你看那山的線條。」女兒似乎一下子精神來了，坐挺了腰。就讀國中美術實驗班的她，對這種美景應該比常人多一些觸發，「哇！那是什麼山呀？」她眼睛發亮著問。

「是七星山，台北最高的山。」

「那算是丘陵還是高山？超過一千公尺嗎？」

「嗯，一千多公尺。」我回答的有點漫不經心，因爲這種美景不是每天有，儘管每天都是走一樣的路線，「雖然超過一千公尺，不過應該算是丘陵吧。七星山系是屬於『活火山』喔。」

「活火山？有火山口嗎？」

曉諭話夾子打開了，天生愛問問題的她，我已經有陪她回答一連串問題的心理準備。「有啊！我們去過『小油坑』，還記得嗎？那裡就是一個火山口。」

「好像有去過喔，……那天好像下雨……」曉諭側著頭，我忽然發現女兒眞的好漂亮，是自照後鏡反射的錯覺嗎？要不然朝夕相處的我們，怎麼都沒有感覺她已經漸漸長大成一位標緻的少女？

「我見青山多嫵媚。」心中忽然浮出這句成語，而青山見我亦如是嗎？

車子轉彎向東方，前面一朵烏雲恰好擋住太陽，而強烈的陽光似乎不甘心地想穿透烏雲，怎奈雲層厚度硬是不讓驕陽有隙可乘，卻意外的在雲層邊緣勾勒出金色的強光，那線條眞是耀眼。

「天呀！爸，你看那線條，」曉諭瞇著眼，她也發現了，「怎麼今天的天氣這麼漂亮呀！」

呵呵，用漂亮來形容天氣，這倒是一個絕妙的形容詞。

上星期六傍晚下課後，路過每次都會經過的台北北城門，這棟沒有裝飾、風華已逝的建築物，在夕陽的映照下，有種說不出來的硬骨子感。我忽然被感動了，拿起手機幫它拍了照，照片的感覺與心裡的想法一致，我很滿意，拿它當了手機桌面。

沒錯，就是這樣子！年値壯年的我，回首年輕歲月、再往前面對已略微偏西的生命太陽，對即將步入人生後半階段的恐懼與無力感，實感無限唏噓。北門，站在那裡已經好幾百年，在周圍都是現代化建築物的環繞下，老而彌堅。我當然還不到「老」的年紀，卻有時會無病呻吟，想想眞是無謂。青山聳立的時間更是久遠，卻沒人嫌它老而不願意親近它，只要有存在的意義，誰會在乎你的年紀？只要自信自己的價値，不會因爲有歲月刻痕與阻攔，就讓他人對你的存在表示否定，就像在烏雲後面的陽光，即使無法透出，也要在它的周圍形成金色光芒。

我見青山眞嫵媚，青山見我必如是。

2 虎頭風箏

（轉載自「北市青年」第一百六十八期我的作品，當時為民國七十三年十一月，水鳥師就讀高二）

這只虎頭風箏，記得是爸爸做的。

小時候，我常拿著它奔跑在廣闊的草地上。當別的小朋友用羨慕的眼光看著它時，我總會驕傲地說：「這是我爸爸做的！」

隨著歲月的流逝，我漸漸長大，而虎頭風箏也被遺忘在玩具堆裡。直到昨天，才在滿是灰塵的床底下找到了它。忽然一時興起，也不管它滿身塵土，抓起它逕自往屋外跑——我要它飛得高高的，和小時候一樣！

很快地，這只虎頭風箏翺翔在湛藍的天空中，隨著風而左右擺動，一種說不出的英氣充塞在心頭，凝視著它，我好像又回到童年的時光，奔跑在遼闊無際的草原上，頂著陽光，聞著草香，好自在的生活……。

「大哥哥！」一種童稚的呼聲將我喚回了現實，「你的風箏借我玩好不好？」定神一看——好可愛的小朋友，拉著我的衣服，一雙眼睛流露著渴望的神情，一個大人站在他旁邊，那是他爸爸吧，我想。

「大哥哥，借我玩一下嘛！」

「這……」說眞的，心裡實在不願意，但又不忍心去回絕一個可愛的小孩。

「這位同學，實在很抱歉，」他爸爸開口了，「剛好今天陪小寶來這玩，看見這只漂亮風箏，小寶很喜歡它，硬把我拉到這兒，我實在拗不過他。」

「不要緊，我借他玩一下好了。」看他一副誠心的樣子，我很爽快地答應他。

「謝謝你！」他露出一臉感激的表情，接過我手中的線，帶著他的小孩到旁邊去玩。

我找了一個地方坐下來休息。遠遠地，看著這對父子的嘻笑，彷彿又看見爸爸和我，他的大手拉著我的小手，漫步在長長的道路，我總要爸爸說故事，說那百聽不厭的孫悟空，說那凶惡潑狠的虎姑婆。在那時候，常覺得爸爸是萬能的、是勇敢的；多少年以後，以爲自己長大的我，卻無視於爸爸的苦心，老覺得他的觀念是過時而落伍，殊不知在我認爲落伍的後面，隱藏了多少成熟、穩固的經驗，這一切，都是我們所不能領會的。

風箏緩緩升高，欣喜與甜蜜洋溢在這對父子的臉上。這只虎頭風箏，是爸爸用他的心血、用他的智慧完成的，子女就像父母的風箏一樣：一竹籤、一紙糊，點點滴滴都用盡他們的心血，不容有一絲的大意，唯恐一旦風箏做成後，不能夠接受風吹雨殘就自行斷線。他們都要做一只最好的虎頭風箏，賜給他一片最藍的天空，讓他走完該走的路。

「大哥哥，謝謝！風箏還給你。」

「喔，不玩了？再多玩一會兒呀？沒關係的！」

「不了，天色不早，我們該回家了。這位同學，謝謝你的風箏。」

是呀！經他一說，才猛然發覺夕陽已染紅了整片天空，連忙將風箏接過來，飛快地往家中奔去。晚風輕拂，遙望著天，我忽然覺得有件事沒做好它，但是，我知道該如何去做！

【後記】

今天將這篇文章翻出來。在打字的過程中，我重新回味四十年前我寫這篇文章的感覺，特別是現在的我已經是兩個小朋友的父親。

剛剛要兒子將這篇文章讀一遍，他看完後說：「爸爸，你文章怎麼寫得這麼好哇！」我正得意洋洋之際，他又說了：「你好像沒做過風箏給我喔？」

唉，看起來，我當爸的兒子不大成功，而當我小孩子的爸也不怎麼樣。

3 背叛

你一生到現在，背叛過人幾次？被別人背叛過幾次？

當一個人被他人背叛時，情緒反應必定是激烈的、忿忿不平的，整個腦子裡面的想法只有：「我對你很好呀，但你爲何要背叛我？」於是，整個氣憤的情緒會維持好久，甚至做出可怕的報復行爲。

可是，當自己與他人利益交換的時候，要背叛別人的想法，就油然而生。要背叛別人之前，情緒必定是複雜而煎熬的，複雜的當然是評判背叛之後的得失，但煎熬的卻不是所謂的道德心，而是思考如何在背叛之後，做的不露痕跡，讓被背叛的人感覺不出已經背叛他，甚至還可以道貌岸然地表現出一副事不關己的態度，即使眞的因爲東窗事發造成萬夫所指，也可以想個如「他本來就是個壞人，背叛他只是一種對他的懲罰」這種自圓其說、將責任轉嫁到被背叛人身上的好說法，正所謂「欲加之罪，何患無辭」。

人爲什麼會有背叛的行爲？我想，「自私」是一個很重要的因素。自私的人，背叛別人應該是家常便飯，甚至不會有罪惡感。大多數的人會做出嚴重背叛他人行爲的原因，則是有重大的「利益相關」，通常「利益」，會讓自己的私心浮出，即使親如父母手足也在所不惜。

既然會被背叛不是奇怪的事，那麼，要防止別人背叛自己就變得很重要。小事有道德約束，大事則白紙黑字明訂契約。可是，效果卻不彰，大家看見每天法院有審不完的案子就可明瞭，法律的規定、契約的約束，反而讓聰明的人想盡辦法鑽漏洞去違反、去得利。所以，勾心鬥角變成家常便飯，大家每天要做的大事之一，就是思考如何背叛別人，以及防止不被背叛。

所以，因爲背叛人與被背叛的事不斷地在人世上發生，能夠不背叛人或被背叛了也可以心平氣和的人就是所謂的「聖人」。聖人在這個世界上最重要的任務，就是去勸說大家不要做出背叛的行爲；如果被人背叛了，也應該反恭自省思考自己是否也有不對的地方，然後放下情緒。耶穌曾說：「我會原諒那些背叛我的人，因爲他們不知道自己在做些什麼。」以及「如果左臉被打，右臉也要請他再打一次」等言論，就是最好的說明。我們也知道，如果這個世界上沒有人會背叛人，或對別人背叛自己的情緒能放下，世界一定大同。但是，世局的紛亂告訴我們，這些聖人的言論影響力實在有限：背叛人的人懂得利用法律或口才邏輯將醜惡的背叛行爲，說的義正辭嚴，而許多小人物受到勢力很大的人的背叛而無力報復時，這些理論的確可以具有療傷的功用，但卻有更多的假道學，利用這些聖人的形象與勸人向善的正面言論，去修補他所做卑鄙行爲的黑暗缺口。

儘管如此，人，還是一直想辦法防止別人背叛，但是被背叛的事還是經常發生，而憤怒的情緒已經不知道是眞的傷心、還是氣憤自己防止策略大失敗的愚蠢！

儘管如此，人，還是一直想辦法去背叛人，而且要背叛的漂亮！

我背叛過別人嗎？

我不是聖人。

4 帶來喜悅的天使

一日，不知哪來的興致上市場買菜。市場人山人海，我在一家魚攤前挑魚，人很多，旁邊站誰我並沒有太注意。

我挑了幾尾魚，放在魚攤專用的小籃子裡，看一看差不多了，就遞給老闆說：「來！算一下。」剛好同時，我瞥見一隻蒼白細小的手，似乎在我之前一下下遞出籃子。我順著那手看過去，是一位白髮蒼蒼的老婆婆，她的目光剛好也看著我，笑咪咪地。我有點不好意思，點了點頭對她致意說：「阿桑，歹勢歹勢！（註：台語意即『婆婆，不好意思！』）」

所謂的慈眉善目也不過如此。她用她那蒼白而細小的小手，對我揮了揮說道：「沒關係，沒關係，笑年郎代誌卡多卡沒閒，我老伙仔閒閒時間多，等你先算完沒關係。（註：台語意即『年輕人事情比較多比較忙，我老人沒事做時間多。』）」

感覺一股暖流湧上心頭，老闆算完錢、我付完帳，準備離開前再向那位婆婆微笑點頭示意，她也笑咪咪地回應我。於是，買完菜回到家的整段路程，一直到現在寫文章的當口，我的心一直暖呼呼喜洋洋的，所有的不愉快早拋腦後。

她是帶來喜悅的天使！

人與人相處，大家彼此能爲對方設身處地著想，即使犧牲自己的小小權益也無所謂，人性本善，對方一定會體會到你對他的良善，感動之餘，除了讓社會多一份溫馨祥和，有機會更能把愛擴大，果眞如此那就世界大同了。記得有一部電影叫「Pay It Forward（中文譯：讓愛傳出去）」，一位小男孩，只因爲寒假社會科作業，想出了一個方法：盡自己的能力幫助別人、不求回報，但請那位被他幫助的人，也去幫助別人。就這樣一個一個傳出去，讓很多人都因此而受到別人的幫助，最後果然得到很大的迴響。劇中名言：「如果你認爲這個世界讓人不滿意、讓人失望，那麼從今天開始，你要想一個辦法，將這個社會中不想要的東西通通去除，把這個世界重新改造一次。這就是你們這個學期的課外作業，一個可以改造這個世界的作業，不能只是空想，它必須能夠付諸實行，並且從你開始執行。」

台灣常常因爲選舉造成一些社會混亂現象，新聞媒體幾乎爲收視都相當嗜血，越暴力越黑暗的事件越刻意放大，這樣子只會讓社會人群彼此距離越遠，甚至擴大對立。其實，在整個的社會運動中，一定有許多溫馨、富有愛的小故事，不知道那些肩負著重大使命的新聞記者是否願意去發掘？我想，也許報導了這些好人好事，整場選舉會少了許多煙硝味也不一定。

多年前，我在一個下課的晚上騎機車撞傷一位違規過馬路的老婆婆。我送她到醫院之後，警察對我筆錄，我爲了自保，一直強調是那位婆婆違規所以我才會撞傷她。那位婆婆因爲在做治療所以並不在場，但治療完在留院觀察的時候，她居然跟我道歉：「不好意思喔，都是我違規，害你不能趕快回家陪家人。」

當時的我，忽然感到有點很不好意思，因爲整件事也不能完全算是那婆婆的錯，坦白說我的車速也過快。由於新聞報導常說：車禍被害人常向肇事者獅子大開口求取巨大額度的賠償，所以我在對警察做筆錄的時候都只陳述自己有利的部分以撇清責任，但後來婆婆跟我道歉說了那一句話，令我感覺自己好像有種做了壞事的罪惡感。後來婆婆家人來接她，觀察後也無異樣，出院時除了讓我花六百多元的急診診療費之外，完全都沒有找我其他麻煩。我目送他們離開醫院，心裡面居然浮現出一種奇異的溫馨感覺：「這是觀世音菩薩下凡來度化我的嗎？」

是天使，他們是帶來喜悅的天使！讓我們發願都成爲大家的喜悅天使，讓四海和平、世界大同。

5 梔子花

春夏交際，是梔子花盛開的季節。

對這花最初的記憶，記得是在小學一年級的時候。那時，有位可愛的女同學摘了一朵不知名的白花送給我：「你可以放在書包或是鉛筆盒裡，會全部都香香的喔！」此後，我就特別喜歡這香味，它讓我感覺好舒服。

「梔」這個字不好唸，所以它的俗名很多，最常見的就叫做「玉堂春」，意思似乎是「擺在廳堂裡可以滿室生香似回春」。最近騎自行車漫遊在河濱自行車道，發現許多路段都栽植梔子花，特別是新店溪右岸靠近秀朗橋與中安橋之間的綠地，滿滿的一條帶狀，飄逸在空氣中的花香令人神清氣爽。上次經過時，趁四下無人，忍不住摘了幾朵花放在包包裡。我知道這是一件沒有公德心的事，但回到家裡打開包包之後溢出的香氣，來自童時的甜甜記憶，消除了我不少罪惡感。

前幾天逛花市，看見不少攤位擺出這當季盛開的香花。「嗯……好香，買一盆好嗎？」妻問我。

所以，現在就有一盆梔子花放在我家客廳，妻都會故意走到花盆旁邊，深呼吸，然後露出滿足笑容。我笑著看著美麗的她。

「你可以放在皮包或是鉛筆盒裡，會全部都香香的喔！」

春夏交際了好多次，現在仍是梔子花盛開的季節。

6 無來也無去，攏無代誌

汽車，是讓人享受速度感的現代化工具。許多人拿他當大玩具，常有原本個性斯文具有修養的人，握上方向盤之後，性情隨之丕變。

我的個性好像也是如此。以我這種不論做哪一種事情都喜歡衝鋒陷陣的個性，坐上駕駛座後，開車的行爲舉止就不會太客氣，與住在都市裡的大多數人一樣，緊張忙碌的生活已經成爲習慣，急驚風的生活步調似乎已根深蒂固，只是隨著年紀漸長的我，最近，心態好像也起了一些微妙的變化。

今早在送孩子上學之後的歸途中，遇見一部疾駛的汽車。當時的我，正打著方向燈準備變換至內車道，自後照鏡裡，我看見這部車自後方疾駛而來，但目測距離尙遠，所以我就直接切換車道了，沒想到他開的眞的很快，當我剛換完車道的同時，這部車就追上我的車尾，並且對我不客氣地一直閃著大燈，似乎在抗議我阻礙他車的行徑。「又遇見這種人了！無聊！急什麼！」我心裡唸著，不想理會他，繼續以我自己的速度前進。沒想到他立刻切換到外車道，超越我的車之後，以非常近、近乎以貼近我的車的距離，切換至我的車道，搶在我的前面，並刻意急踩煞車。

他這種挑釁的舉動，惹怒了我，以我駕駛技術與車子性能，要超越他來討回顏面報復，絕對不是難事，我正想「以其人之道還其人之身」的同時，忽然瞥見擺在我駕駛座旁的一片金屬牌子——「無來也無去，攏無代誌！」這是得道高僧廣欽和尚（水果師）的銘言——我吸了一口氣，笑了一下搖了搖頭，腳放開了油門。

這面金屬飾牌是父親送給我的。我自大學起，年紀輕輕就開始開車上路，父親見我因爲年紀輕輕且血氣方剛，怕我開車惹事，所以將這面鐫著廣欽和尚箴言的金屬牌讓我隨車懸掛並做裝飾。換過幾部車了，我還是將這面飾牌掛在車上，雖然我不是佛教信徒，對廣欽和尚的生平德行也不是很了解，「無來也無去，攏無代誌！」這句話，卻化解了好幾次可能引起的不必要衝突，讓我能夠順利地明哲保身保平安。可不是嗎！你不要去惹別人，即使別人對你做了一些無謂的行爲，只要沒有太大的形而上方面的損失，我們又何必與對方計較呢？就爲了討顏面而做了一些事，即使眞的討回面子，那又如何？也許對方滿心忿恨，會算計更激烈的方式要對付你，如此不就沒完沒了了嗎？到最後一定不會有贏家，不是嗎？想想還眞是無聊！無來也無去，天下太平，不就攏無代誌了嗎！

還記得四、五年前，有次我路過外雙溪，在某個路口停等紅綠燈的同時，忽然有位機車騎士，騎到我的車旁邊，沒來由地、以超級大的聲調對著我罵了一聲國罵！當時我車窗是放下的，無厘頭被罵的我，很生氣地瞪著他，他對我更是怒目相向，並且握緊雙拳，似乎準備等我下車與他幹架一場。在我氣憤的同時，急速地心念意轉：「他爲何罵我？我又不認識他！是我剛剛開車不小心得罪了他嗎？如果是，那好像是我不對，那我何必生氣？我應該道歉吧？但我如果沒有得罪他，他罵了我，也不是我的錯，即使下車要討回公道與他打架，打贏又怎樣？打輸受傷更是糟糕！」……想著想著，感覺無謂又無辜，就在氣氛緊繃到最高點時，我，忽然笑了……。

我的笑容一定是發自內心的燦爛，要不然我不會看見他的眼神自怒火中燒變的不知所措，尷尬的他似乎不知道該如何應變這種場面。綠燈之後，我微笑著離開，並且自後照鏡看見他仍呆杵在原地，好像還在想著剛剛的莫名其妙。的確，是很莫名其妙，不是嗎？人的一生中，追求名也好、利也罷，親情、愛情、事業成就、金錢物質與心靈滿足，無一不可去爭取、去追求，但最無謂的就是爭意氣。意氣，即使爭到了，通常是贏了面子輸了裡子，這樣看起來，根本沒有眞的贏，那又何必去爭？況且會搞的傷痕累累！

所以，無來也無去，攏無代誌。

7 霧的發想

今早又起霧了，坐在窗台前欣賞霧景，靈感湧現，想了好多事情。

物質有「固、液、氣」三態，「霧」這個形式，是屬於物質三態的哪一種呢？許多人以爲是「氣態」，但其實它屬於「液態」。氣態的物質原則上眼不可見，所以，可以被看見的霧是屬於液態的小水滴。這種情形告訴我們，許多事情並非眼見爲憑，所以說：「花非花、霧非霧」。

而「霧」與「雲」有甚麼不同呢？其實，「雲」大多也是液態的小水滴組成，在高空的小水滴稱爲「雲」，在低空的則稱爲「霧」。霧與雲本來就是相同本質，只是所在位置的不同，「因爲所在位置的不同，看見相同的事物卻以爲是不同物質」，這是要提醒我們知道，別「換了位置就換了腦袋」；同時，在考慮事情的時候，試著以多一點不同的角度來思考，有時反而可以得到更好的結果。

「霧」的形成通常是飽含水蒸氣的空氣遇冷而形成的，但只要天氣放晴溫度升高，液態形式的霧就汽化蒸發成氣態了。許多有心機的人，喜歡「風言霧語」般地「雲山霧罩」，小小事情就會自己啓發去「擁霧翻波」，完全沒根據的事實卻說得像眞的一樣，甚至誤導大衆去達成自己想要的願望，眞相雖總會「撥霧見日」而「雲消霧散」，但傷害已造成，有時候是永遠無法彌補的。

迷濛的「霧」，讓人看不清楚。看不清楚會讓人迷惑與迷失，比如說「霧裡看花」就是說人的視力太差，看不清楚事物眞相而「一頭霧水」，接著就「如墮煙霧」完全失去方向。所以「霧」讓人感到神祕，令人無法捉摸，既令人難以掌握，我們總是佩服那些能「拿雲握霧」的高手，他們本領高強，除了自己可以隨時保持在狀況內，更可引領衆人走出迷霧般的困境，邁向康莊。

雖讓人感到迷濛而神祕，「霧」卻也增添了若干浪漫的感覺。高興時，內心輕飄飄有如「騰雲駕霧」；而「風鬟霧鬢」是形容「婦女的頭髮好看」，卻也可以拿來說是「蓬亂沒有整理的頭髮」，所以，一樣的形容詞可以依狀況來形容事物，就好想有時候人在恭維你時，其實是在挖苦你、又有時別人對你的厲言相向，其實是表達無限的關心與愛。

「霧」既然神祕，通常就有一點瘖闇的色彩。癮君子在「吞雲吐霧」後的心情放鬆，據說是無與倫比的，儘管我不會吸菸也不想去吸菸，但我仍可以想像那種得到短暫放鬆的快感，只是短暫的放鬆並不能解決事情，有時候人生的難關「煙霏霧集」地到來，但「愁雲慘霧」的氣氛還是要想辦法去脫離，才能「披雲霧睹青天」。

不久太陽升起，果然霧散了，沒了靈感，起身做正事去。

二、長日生活道

1 冬天要喝冷水

寒流過境，有些平地還發生5℃以下的低溫，來杯熱茶或熱湯，應該是最舒服不過的事了，剛剛的我，就倒了杯熱開水，暖暖身體之後再寫文章，因爲屋外目前溫度才11℃。

可是，腦子裡忽然閃過一個念頭：人類自古代演化至今，身體的構造與機能會知道人類會在未來的今日發明熱水壺與冰箱嗎？

我家身爲醫護人員的老弟，聽說已經好幾年沒吃冰了，即使夏天是如何地熱。他說，吃冰會造成過敏症狀，自從不吃冰之後，長年以來的鼻過敏與鼻竇炎，居然都不藥而癒。我又忽然想到，前幾年去日本旅遊的時候，當時正好是隆冬，所有人都穿著厚厚的大衣，我們一行人每每到餐廳去吃飯，發現所有餐館，一開始奉上的，居然都是加了冰塊的冰水！這件事在台灣實在是不可思議，地處亞熱帶的台灣，冬天有時候也是很冷的，但不管如何，只要天氣變的有點微涼，稍有規模的餐館，送上的一定是暖暖的熱茶。

這兩件事，隱約地呼應著我的想法。我認爲，夏天的時候，整個身體熱呼呼地，都急欲排熱，當我們喝冰水的時候，會讓身體部分器官感受涼爽，但是大部分器官仍是熱的，此時，你的大腦的感應中樞將會收到紊亂的訊號，結果就會讓身體產生失調的情況；另一方面，冬天的時候，全身的感受都是冰冷的，這個時候喝口熱的東西，無非是人生極大的享受，但是，除了手掌、口腔、食道，甚至胃等器官都感受到了熱，可是其他器官都處在冰冷情況，傳到大腦的訊號，是不是又是一陣冷熱不協調呢？

所以我認爲，夏天應該飲溫熱水、冬天應該喝冷飲。符合自己身體狀況去調整身體，是最符合自然的事，所以喝水，就喝「室溫」的水。在台灣冬天的平常，我在此唱反調地提倡喝冷水，因爲冷水的溫度與外界氣溫平衡，貼近人體的感受，人類的身體經過長期演化，對於環境的耐受度與協調性極佳，冬天喝冷水，不正是最合乎自然的事嗎？日本因爲氣溫更低，也難怪他們冬天喝水還要加冰塊，不過這個論點，似乎是沒聽到有任何專家說過。但夏天或運動過後，熱溫開水最能解渴，這早已是醫學專家不斷強調並呼籲的事，就好像我在上課時一定會喝溫水潤喉，因爲上課時呼吸系統運作激烈，喉頭正熱，如同做劇烈運動，所以喝溫開水，對喉嚨的保護最爲適當，也正符合這個道理。

我還記得有年夏天到某小火鍋店用餐，當時與老闆閒聊時，我說：「夏天到了，你們要度小月了。」但老闆卻笑笑回應：「你錯了，暑假是我們的大月！炎熱的暑假吃火鍋的人有時候甚至比冬天多呢！」如果這位老闆說的是眞的，那表示人體的機能還是會引導我們去做最適合身體本能的事。

不過，即使我的論點正確，要受到普羅大衆在觀念上的接受也很難，畢竟人類是感官動物，滿足感官是我們一致追求的目標，君不見夏天時冷飲店的大排長龍、冬天時火鍋店的高朋滿座，再再證明了滿足感官是人類一致所要去追求的。

所以，我就又在剛剛，輕啜了一口熱茶，好舒服。

2 可以不要推嗎？！

事情是發生在一次去參觀水族展的時候。

由於是非假日，人並不多。當時我正駐足在某個水草造景缸前，陶醉在水草缸營造的浪漫清新氣氛時，忽然發現有人在後面推我肩膀。

我回頭，發現推我肩膀的是一部攝影機，由一位上了年紀、頭髮斑白的老男人在操作，他正在拍攝這座水草缸，我當他是手持攝影機拍攝魚缸時閃神不小心推到我肩膀，所以就不在意地繼續站在原處欣賞，但沒想到，那攝影機不但還繼續推我，而且推我肩膀的力道，居然更強了。

「請你注意一點好嗎？你碰到我了。」我回頭對那老男人講，語調應該還算客氣。

「你趕快走！我要拍！你站在那裡我拍不到！」

這傢伙跟我說話時居然連眼睛都沒有看我一眼，而且超不客氣。我這才意識到原來他以攝影機推我肩膀是蓄意而非不小心，於是，一把火就被悄悄地點燃了。

「不好意思，我還沒看完。」我冷冷地回答，說完仍逕自站在原處。

我生氣不是沒有道理的。這裡是開放空間，我先來，本來就有權利站在最有利的角度來欣賞；而你後到，禮貌上就應該等候上一位參觀者欣賞完離開後你再進入，以這種水族展來說，一個人欣賞一件魚缸作品不會超過一兩分鐘，所以後到者並不會等候太長的時間。再說以我個性，如果發現有人在旁等候多時，我也會有禮貌並識趣地移開自己腳步，畢竟這也算是一種公德心。這個老頭子其實不需要如此惡意推人的，如果眞的不耐久候，你只要客氣地出個聲說：「抱歉抱歉，可以稍微讓給我一個角度嗎？」這樣子我也一定會讓開。可是你卻故意地用力推我，而且回話還如此不客氣，那就別怪我得理不饒人了。

事情還沒結束。那老頭見我不理會他，居然就直接往前，整個人插進到我與魚缸之間，完全擋住我視線，口中還唸唸有詞地說什麼我不懂敬老尊賢等等之語。我的火山爆發了！你這老頭子的確老，但一點都不賢！他這動作對我而言，是一種超級強烈的挑釁，正想要出言理論的同時，師母拉了拉我，對我搖了搖頭使了個眼色。我想也是，沒有必要爲了一個糟老頭子壞了我今天來欣賞美麗水族的興致，索性就不計較，但還是有點悻悻然地離開，往別處去繼續欣賞。果然繞了一圈之後，發現那老頭正與另外一位遊客起爭執，那位遊客還把攝影機搶過來，用力往地上摔爛！果然惡人自有惡人治。

幾天之後上課，有位學生與我有相同嗜好，他是在星期日去參觀水族展的。這位同學說假日人很多，本來參觀起來就比較讓人心浮氣燥，更讓他火大的是，每次他站到定位、正準備要好好地欣賞眼前的水族景致的時候，就被一大堆老人家推擠，並且很沒有禮貌地站在他的前面阻擋他欣賞的視線。他原先並不知道我的遭遇，只是跟我訴說他去參觀水族展時所發生的不愉快，我聽完之後不禁搖了搖頭，如此湊巧地我們師生都碰到相同的事，那可見這類事件是多麼普遍發生在周遭。現在社會眞的有許多上了年紀的老人，倚老賣老地做出許多沒水準沒道德的事，那要年輕人如何敬老尊賢呢？這讓我想起幾則發生在公車上，因爲讓座與否，造成的年輕乘客與老人的口角甚至是肢體糾紛的新聞事件，當然大家都普遍認爲年輕人有錯，但若由另外一個角度思考，當時老人是否態度傲慢無禮到令人不想讓座？以發生在我身上的這件事情來說，如果你不是以蠻力推擠的方式，大家有禮貌一點、客氣一點，煙硝味就不會那麼重了。

我不久之後就會邁入老年，這件事我要引以爲戒，不要做一位人見人厭的糟老頭子才是。

3 可愛的青春期

一次，我任課的某補習班來了一位新生，是位非常漂亮的女生。也許有外國血統，她面貌輪廓鮮明、身材姣好，連我這個老頭子看了都有點覺得這女孩漂亮的不可思議呢！果然，立刻就引起班上所有同學的一陣騷動。下了課之後，所有男同學跑到講台附近爭看座位表，想要知道她的芳名，並高聲討論這位女同學在上課時表現的種種，居然還引起班導師不悅而強力制止；還有其他女同學在網路上發表文章談論這件事說：「今天班上來了一位好美的女同學，可是全班男生都在注意她，這是怎樣的一個情形呀！」讓班主任也忍不住出面勸說。

看在眼裡的我，不禁莞爾，這就是青春期，不是嗎？令我想到以前在國中、在補習班上課時坐在我前面的一位女同學也是我心儀的美女，除了補習班的任課老師精彩上課內容之外，可以見到她就是最令我期待的事了。「就是喜歡她、好想認識她」是當時我心中的吶喊渴望，這種純純的愛，眞的好天眞，現在回想起來，還有點酸酸甜甜的感覺呢。喜歡一個女孩子絕對不是壞事、也是絕對禁止不了的事，畢竟這種衝動，是身體裡的荷爾蒙在作祟，只要不要太踰矩，我倒覺得大人們應該以寬容的角度來看待，因爲，大家都年輕過。

對青春期的孩子說教能有多大的效果呢？明的雖然應允你，但是暗地裡還是去做想做的事。不能怪他們陽奉陰違，其實他們絕對不是故意的，因爲他們絕對知道這樣子不好、也希望能好好把心思放在課業上，但是做出來的卻是完全不同的表現，也眞的難爲了孩子，有些成人在自己面對這類事的時候，也處理的相當粗糙，更何況是十來歲的小朋友。對輔導他們的父母與師長而言，這是自開天闢地以來就有的大難題，處理得好或處理失當，都足以嚴重影響孩子們未來一生的前途，所以在我的看法，「疏導」是成人處理青春期孩子異性問題最好的一個心態與想法，事情遇到了，我們不妨以「認可」、「掌握」與「微調」這三大原則來處理。

所謂的「認可」，就是同意學生對異性的想法，讓他們的情感有個抒發的出口，當他們遇到問題，才會主動找你深談來解決，於是，我們就可以「掌握」，清楚了解他們的交往狀況，並隨時適度適時介入「微調」，不致於讓孩子會因爲一時衝動而踰矩。千萬不要一味禁止，在我的經驗看來，強力禁止的結果，只會讓你的孩子與你越來越疏離，表面上看起來也許風平浪靜，但事實上你對孩子已完全失去掌握，在關鍵的時候，你就只能眼睜睜看著他們入歧途漸深而無法自拔，輕則情感崩潰、重則憾動家庭以及社會，我相信，這是所有人都不願意看見的結果。

國、高中生的青春時期，是人生中情感最單純、最誠摯的時刻。如果在這個時候能面對正確眞誠的處理對待，我相信一定可以養成一個人終其一生對任何事物保持熱情眞心的正面人格態度。青春期的學生很可愛的，可不是嗎！讓我們以最正面的陽光態度陪孩子走過這一段晴時多雲偶陣雨的時期吧。

4 吃素與阿彌陀佛

我不是完全素食者，但我偶爾會吃素。不喜歡吃素的人大概是因爲素食沒有肉味，但現在食品科技實在厲害，明明是素食，吃起來卻像是肉，所以讓許多原本是肉食主義者也慢慢願意吃素。

坊間的素食餐廳，有八成是一般的自助餐廳，計價方式分秤重與吃到飽兩種，而吃到飽餐廳也分爲平價與高價位，各有優劣點。在記憶中印象最深刻的，是二十年前還在台北市某補習班任教時，位於附近的一家素食自助餐廳，它是以秤重論價，但菜色多元、餐廳又明亮乾淨，所以我只要有課，就常去光顧，每次消費約八十至一百二十元不等，讓我感覺相當滿意。即使到現在，我早已不在該補習班任教，也常在其他補習班附近的素食自助餐廳用餐，但都感覺平平，沒有像那家餐廳那麼令我難忘。

但我今天要討論的不是這個重點。讓我深深覺得奇怪的，是爲何吃素，就要與宗教相結合？幾乎每家素食餐廳放的背景音樂，都是「南無觀世音菩薩……」或者以電視播放一些和尙尼姑講道的錄影，感覺上都有濃濃的宗教意味。我吃素食的原因是健康與個性，卻無關宗教，認識我的人都知道我是無神論者，所以我到素食餐廳用餐，邊用餐食，耳朵聽的、眼睛看的，坦白說，都讓我相當不以爲然。我實在不懂，吃素就吃素，爲何一定要沾染宗教？我不是排斥宗教，只是想不透吃素這件事，到底與宗教何干？

也許人是屬於雜食性動物，要克服天生欲念，似乎就要靠宗教的力量。在我的想法裡，「宗教的存在原因於人類的能力有限」，這好像就可以驗證這件事。缺乏動力、非自發性地、強迫自己去做一件自己不了解的事，是相當辛苦的，這也許就是大家要藉宗教的力量來讓自己吃素的原因，但坦白說，參透宗教的眞正教義的人又有多少呢？儘管也有許多人，有他本身自己的原因，是打從心裡願意吃素，但不可否認的，大多數人因爲宗教而吃素，說穿了不就只是一種盲目式的服從而已嗎？想到這裡，就讓我覺得人類既可憐又卑微。

記得十幾年前，曾因緣際會，到過東北角知名的佛教勝地「靈×山」，那天中午，寺裡的接待人員熱情招待我們一行人用餐，我永遠記得：菜色裡有一種「火腿肉」，看起來像火腿、聞起來像火腿、吃起來，也是火腿！另外還有「大蝦」也是這樣！我正在納悶，寺廟會因爲我們是凡人非信徒，就招待我們吃葷食嗎？正好一旁接待我們的和尚告訴我們：「很像肉對吧？這是日本最新的食品科技喔，但是卻是如假包換的素！」自他洋洋自得的表情，眞不知道他修身修性修到哪裡去了；既然下定決心吃素，那爲何要吃這種加工過的「情境食品」？一般凡夫俗子就算了，你是剃度和尚，怎麼會吃這種食物？《西遊記》裡面有一段是這樣子記載：唐僧見到外狀酷似嬰兒的人蔘果，即刻嚇到不行，頻唸阿彌陀佛而不敢食用，再對照這群和尚，他們是怎麼了？你嘴裡是吃素沒錯，但你心裡所企求的，卻是吃葷呀！

感慨呀！人類要到甚麼時候，才能眞正做自己的主人呢？我眞的同情這種表裡不一的雙面人，這樣子過日子好辛苦呀。其實，吃素好處多多，撇開環保與不殺生的聖人想法，其實，吃素對身體健康的好處眞的不少，我只要哪天晚餐吃素，隔天一早起床，感覺身體就相當輕盈，這證明了吃素對身體健康絕對有好處！我自認自己是個有智慧的人，既然有好處，就一定會去做。而我因爲知道素食的好處，所以我在吃素的同時，其實是相當愉快且享受的，我也相信，打從心裡就願意吃素的人，也有與我一樣的幸福感覺。

有機會的話，我仍絕對願意吃素，只是別教我聽那些阿彌陀佛了。如果讓我碰見哪一家餐廳完全沒有宗教色彩、就只是鼓勵單純吃素的話，我必定會成爲主顧！

5 有夠機車

這篇文章，談的眞的就是機車的事！

有天本來愉快騎自行車出門運動，在通過某個路口，明明他向是紅燈，卻仍有幾部機車無視於我而闖紅燈，我非常不悅，怒目瞪向最接近我的一部機車，不料他居然還繼續向我駛近，我罵道：「紅燈啦！你沒看見嗎！」

令我訝異的事發生了，那位騎士不但沒道歉，還反嗆我：「叫什麼叫，我有撞到你嗎？」

「撞到我那還得了啊！」我停下車，火氣越來越大。

「不然你想怎樣？」

「要怎樣？」看著他一副無賴樣，我決定不客氣，拿起手機，「我叫警察來，你有種就別走！」

結果是他沒種。聽完我的話，他立刻加油門揚長而去。

我眞的不懂，爲何明知道理虧，卻還要強詞奪理！這就不討論了，但是機車「有夠機車」，是大家公認的事實。台灣交通亂源，「機車」這個原因難辭其咎，交通事故中，八成都與機車有關，而有關機車的交通事故，機車違規的占多數，但是，在台灣人「大讓小」的觀念，鮮少去追究原因，發生事故由機車負責的，卻是極少數。我就是這樣吃過悶虧，所以，現在車上加裝行車紀錄器，就是爲了防止被機車「機車」。

我知道機車是廉價的交通工具，簡單而自由，自己早些年也騎過機車通勤，原則上我是十分遵守交通規則的；絕不搶道、亂鑽、逆向，一定兩段式左轉。可是我所見到的機車，有很大部分喜歡做上面所說相反的事，他們是道路小霸王，可以爲所欲騎，如果你不小心碰到，就算你倒楣。機車是肉包鐵，只要發生事故，沒有不受傷的，所以，我現在開車，絕對禮讓機車，因爲，只要碰到他們，不管你有沒有道理，刑事上的「過失傷害」責任就絕對跑不掉，會不會賠錢倒是其次，跑不完的法院一定有，哪是我這個忙碌的人可以負擔！

其實，機車沒有錯，錯的是騎車的人，如果騎士都能遵守交通規則，台灣的交通就一定會改善許多，可是，人性本惡，這是不可能的事！甚至連最近幾年開放的重型機車也是這樣。之前還沒開放重機行駛快速道路前，重機車主一直大聲疾呼說：「我們不是飆車族！我們也納一樣的稅，我們要開放路權！」結果開放路權後，我看到的是一大堆違規。超速是家常便飯，蛇行、騎路肩等樣樣都來，明明騎重機的規則都要比照自小客，可是他們還是把自己當成普通機車在行駛，道德教育似乎在台灣完全不見成效。

既然道德沒有效用，那法律呢？警察執法夠嚴格嗎？還不是睜一隻眼閉一隻眼。某次在路口我直行，有輛機車違規自我右側搶在我前方直接左轉，差一點發生事故，當時，旁邊站了位警察，我生氣地對警察說那部機車違規，結果，那位警察卻不耐地揮手對我叫：「走啦！快走啦！」

小霸王是大家寵出來的，我無力可回天，所以，也只能任由讓某些不守規矩的機車「繼續機車」。騎機車的朋友，希望你看到這篇文章，騎車的時候，不要太機車，好嗎？

6 你就不能提早十分鐘出門嗎？

自從有了自己的公司與員工，我才發現「準時」這名詞，似乎對這一代的年輕人特別合用。但請別誤會，我並沒有任何誇獎的意思，這裡所說的「準時」，是指現在的年輕人寧願遲到，也不願意提早一點點的時間到，頂多剛剛好時間到達就好。

公司的打卡鐘時常會跑得比較快，所以，誤差個幾分鐘是常有的事，儘管會時常校正，爲避免爭議，在員工守則裡就清楚載明：「上班時間的計算以打卡鐘爲準！」雖然大家都知道，但每次到了上班的「準點」時間，總是會常聽見急速衝百米的緊張跑步聲，令人不禁莞爾。我的公司裡就有幾位年輕員工，上班時常遲到個幾分鐘，於是總是在月底埋怨地大喊：「才差一點點而已，我的全勤獎金泡湯了啦……。」「都是打卡鐘不準害我的啦！」問他們出門上班的出發時間，答案都讓我很訝異，因爲他們把時間精算到相當急迫，這是我出社會將近四十多年來相當少見的事，可是這些年輕人卻把這種事視爲常態，我建議他們提早個十分鐘出門，這群年輕人居然瞪大眼問我：「有這個必要嗎？」

「那你們遲到被扣薪又何必埋怨！」我心中默默怒喊，但表情只有苦笑搖頭。自己的孩子也是屬於這個世代的年輕人，有幾次出門上課總是拖拖拉拉地搞到常遲到，事後一定會換來我嚴厲的斥責！

所有認識我的人都知道，我上課遲到的次數，絕對是五隻手指頭算得出來的。準時是美德，但我所謂的準時，絕對都是提早個幾分鐘，或者是十幾分鐘前就到達。提早一點時間到班有許多好處：你可以從容不迫、心情會比較愉快、可以與同學寒暄、還可以與早到的同學討論課業問題，所以，許多比較用功的學生知道我的習慣，他們也會故意早到來問我問題，坦白說，他們就是「早起的鳥兒有蟲吃」的最佳範例。記憶中有一次因爲罕見的塞車問題所以遲到，儘管事先已經通過電話，但我到班後還是向班主任致歉，沒想到班主任客氣地回答我：「老師您只遲了八分鐘，八分鐘哪算遲到？不要說您這種大牌老師，許多小咖老師遲到十幾二十分鐘都是時常有的事呢！所以老師您這樣子不算遲到啦！」

雖然這麼說，我仍然認爲這就算是遲到，所以，每次要上課或赴約，我一定都會提早出門，寧願早到也不願意遲到，只是，與我有一樣想法的人畢竟不多，所以我似乎總是在等人，所以一個人常遲到與否，已變成我評斷一個人的重要條件。印象裡，只有我公司裡的一位主任，因爲家裡住得比較遠，所以都會比上班時間還早一個小時就到辦公室，正印證了「遲到的人都是住附近的人」這句話。這位主任總是說：「如果時間算得剛剛好就有可能遲到，那我還不如早點出門，遲到不如早到！」他的工作效率超好，做事深得我肯定，所以「不遲到」絕對是一個人成功與否重要原因的指標。日前無意發現有一個談話性節目，正好在討論成功人物的典型性格，沒想到，第一個重要特性居然就是：「準時不遲到」！

不遲到有很困難嗎？提早十分鐘出門有那麼不可思議嗎？雖然每個人的想法不同、價值觀也不一樣，但我深信提早到絕對有它的好處，況且它還是公認成功人士的典型性格！你就不能提早十分鐘出門嗎？小小的改變，可能就是你邁向成功之路的一大步！

7 兩百零二十

那天幫孩子到便利商店交學費，所有款項合計共2020元。當我準備掏錢時，沒想到店員掃描完單據之後，告訴我說：「先生，總共是兩百零二十！」

「兩百零二十？」我愣了一下，脫口說了一句話。

「是的，因爲要加收手續費十元，所以一共兩百零二十！」

「我知道要加十元，但一共是2020元吧。」因爲店員顯然不了解我的意思，所以我好心更正。

「沒錯呀，2020元不是兩百零二十嗎？」

因爲我的糾正，那位店員顯然還不知道他哪裡說錯，而且看起來還有點生氣。當下的我，有點想就給他兩百二十元就好，可是個性一向正直的我，看他只是一位工讀生，不好意思給他虧錢，所以，拿好整數零錢給他，並雞婆地再補上一句：「兩千零二十！」

「收您兩百零二十！」不知道他是眞的搞不懂還是故意，我聽完他說的話之後差點跌倒。

在上課時，常提到台灣學生的數學水準算是很高的。我有一些美國的友人，他們常跟我談到美國小孩有的程度差到只會加法不會減法。比如說，一共是九十一元，我們通常會拿一百零一元給他，方便他找十元給我就好，這是減法的運用；但是，美國工讀生不喜歡你拿一百零一元給他，他們喜歡你直接給他一百元，然後找你錢時，就用加法：「九十二、九十三、……一百。」這樣一元一元找給你。前一陣子有個教育家寫了一篇文章，其中談到對照台灣與美國人的思維時，他很不屑提到，台灣的老師改考卷時都用減法扣分，這是負面的消極教育，不像美國的老師，他們改考卷都是算對幾題，然後以加法方式計分，他認為這才是正面的鼓勵性積極教育思維。但是，看在我的眼裡，卻對這位學者的媚外心理不以為然。我認為，因為台灣的學生程度較好，錯的題目少，所以依方便性來說，用減法比較迅速且方便，不是嗎？相反的，美國學生因為錯的可能比較多，而美國的老師也習慣使用加法，所以，他們才使用加法計分，我想大家應該都有一種經驗：如果改考卷時，某位同學幾乎全錯的話，我們就會使用加法計分，就是這個道理。

只是，今天在便利商店，居然讓我遇到這種事。這位店員很明顯的是八十年次左右的小伙子，他的數學程度眞的那麼差嗎？還是只是單純口誤呢？如果眞的是程度差，我想，我們沒有機會再笑美國人了。這一代學的是「美國」建構式數學，教出來的孩子，計算能力普遍很差。我的計算速度算是中等，但是，前幾天我在輔導兒子數學時，兒子居然欽佩地喊說：「爸！您計算速度好快！」我苦笑，我哪有快，是兒子你的計算速度太慢了吧。

教改十多年，那些留學美國的「學者」，忘了就是台灣的老式基礎教育造就他們今日的學術地位，喝了點洋墨水，就一心想把台灣教育改的跟美國一樣，以為美國的制度都是最好的。其實，任何制度都應該因地制宜，不是嗎？結果時至今日，現今台灣學生的程度明顯比不上昔日的我們，考大學七分就可以考的上，想當初，我們擠破不到三成錄取率的窄門，考上大學，親戚朋友都比出大拇指說好不簡單。我想，如果今天還有人考不上大學，我們應該投以不解且迷惘的眼神，感慨地說：「眞是不簡單呀。」當大家檢討爲何會出現七分上大學的怪象，其實，建構式教育是最大的原因之一。

呵呵，兩百零二十？眞不知道這篇文章該是一篇笑話，還是算是一種感慨式的辛酸？

嘿！等等，你該不會也認爲2020就是「兩百零二十」吧？

8 青春期的頭髮

青春期的少男少女，外表最在乎的，除了臉上的痘痘，就是他們的頭髮了。

記得自己就讀國中的時候，由於是男校，全校規定剪三分頭，而且每兩個星期檢查一次，不及格的人就要被訓導處當眾在你頭上「開跑道」，這在現代看起來已經是構成傷害罪的舉動，在當時絕對權威的學校制度下，相當理所當然，而包括我在內的所有學生，儘管非常在乎自己的頭髮長度，也只有敢怒不敢言地默默接受。

就讀高中時，唸的是全國校風最開放的師大附中，有兩項重大變革我躬逢其盛，一個是廢除卡其軍訓服改穿自訂的制服，另一個就是廢除髮禁。現在不知道有多少人還記得，師大附中是全國第一所有自己制服與廢除髮禁的學校，當時我是高三學生，廢除髮禁剛好是我就讀高中的最後半年，每天都希望頭髮可以趕快變長，結果，好不容易有了期待已久的漂亮「長髮」，留不到兩三個月，就因為考上大學上成功嶺受軍訓而又毀於一旦。真正有一頭自己滿意的頭髮長度，已經是大學一年級的寒假了。

現在回想起這些往事就不禁莞爾，有點搞不懂為何自己當時那麼在意頭髮的長度。因為職業需要，現在的我把自己的外表盡量打扮得年輕有活力，在臉書上的老朋友居然誇我比年輕時還帥氣，雖然我戲稱那是醜小鴨蛻變成天鵝了，但是事實上我看起來還真的是變帥變年輕了。為何如此？真正的原因我當然知道。

小時候頭髮細嫩，國高中時又理光頭，根本就忘了自己身體的特質：捲髮。大學之後可以蓄髮了，從此也有了不一樣的煩惱，整個頭髮變得很蓬鬆，很亂很難整理。同學朋友笑我頂著捲髮的頭感覺好大，因此，我頭髮乾脆長到一個長度，就給它剪到最短，讓它慢慢再長。這是一個非常不一樣的心路歷程：中學時期每天計較頭髮長度太短，而現在的我，卻為頭髮長度太長而感到煩惱。我發覺：人格特質逐漸成熟的我，變得比較有自信，也變得不大在乎頭髮的樣式了，因為知道不論自己的頭髮或外表如何，你所能散發出的王者自信氣質，才是眞正的帥氣。

我是眞的這樣子認為的。青春期正值蛻變時期，什麼事都好在乎、什麼事都好計較。頭髮短了一點、臉上冒了一顆青春痘，整個人就會變得相當沮喪與自卑。並不是說現在的我不注重自己外表，而是我已經知道我的價值與社會地位絕對不是基於頭髮的長度或有沒有長青春痘。現在上講台為學生上課的時候，我常拿自己的高額頭與臉上長青春痘的痘疤來開自己的玩笑，學生不但沒有嘲笑我，而且覺得眼前這位老師非常風趣幽默且自信滿滿。

與二、三十年前相較，現在學生相當幸福，頭髮不但要留多長就留多長，而且可以染色做造型，甚至還刻出紋路耍花樣，這是在我年輕的中學時代簡直是不可思議也不敢去妄想的事。只是，垂垂老矣的我，也許與現在學生的觀點想法產生代溝，我看見他們的頭髮，眞的覺得一點都不好看，就以自己的女兒來說，明明有張漂亮的臉，就故意把頭髮都往前撥，蓋住臉的面積將近三分之二，就我看來實在覺得非常莫名其妙，在要求她把瀏海剪短一點的時候，她居然狂叫抗議：「我已經很短了耶！別人都比我長好多……！」「要我剪掉瀏海叫我怎麼出去見人？不如要我去死！」

我的天，有這麼嚴重嗎？剪掉瀏海就不如去死？那我唸國中的時候就不知道已經死過多少回了。我跟女兒說一個人的價值不是在頭皮上方的頭髮，而是頭皮下方的大腦，但這種大道理，正値青春期的她又如何聽得進去？我常感嘆，要是她把在意頭髮這種「視死如歸」的態度拿來放在課業上，那該有多好。

相信有一天，大部分的青春男女在眞正成熟之後，會與我一樣對自己年少輕狂的行徑感到莫名甚至會覺得不好意思。頭髮長度，那眞的是小事，還有許多更重要的大事等著我們去解決呢。但現在的他們，就是年輕人呀，頭髮與外表，是他們目前面臨的最重要大事，把頭髮看得比自己生命還重要，正因爲年輕呀！剛剛女兒還告訴我：「爸，你不在乎頭髮長度與外表的眞正原因，是因爲你已經沒有頭髮與外表可以在乎了！」

是嗎？我不服氣，但瞠目結舌之後只能無言。

9 品質與成本

我最喜歡吃北京烤鴨了。想想那香噴噴的烤鴨肉片沾上甜麵醬，再搭配青蔥，附加以麵皮包裹，一口吃下去的大快朵頤感，實在是人生的一大享受！

以往吃北京烤鴨，我常跑到台北市東區老家附近的某家名店去買，但畢竟離我現在住的三重有點距離，所以，上網找了一家三重烤鴨名店，在這個星期日晚上，就興致高昂地去採買了。到了店門口，雖不是盛況，卻也有幾個人在排隊，所以網路評價應該不假吧。輪到我點了菜，滿心期待地看見師傅熟練地一片片切著烤鴨，想著等一下大口吃鴨的興奮感，就在店員把菜遞給我的時候，徹底覆滅了，因爲，他附的不是青蔥，居然是洋蔥。

「怎麼會是洋蔥呢？」我失望地問。

「洋蔥也很對味呀，可以的啦。」

「喔……。」我故意把聲音拖長，向店員與後面排隊等待的客人互看了一下。

因爲天氣，我知道青蔥價格相當昂貴，所以許多餐廳把原本應該添加青蔥的料理，改成添加洋蔥，而這也不過是聽說，今天總算讓我自己遇見了。我是個美食主義者，就趕快到超市買了把青蔥，不久之後回到家，終於可以品嚐我垂涎已久的烤鴨。我先夾入剛剛買的青蔥，入口之後，那滋味眞是好哇！忽然想起烤鴨店店員說洋蔥一樣很對味，於是，我抱著試試看的心態，加了一次……我的天，口中的食物居然索然無味！那不是對不對味而已，是眞的沒有味道。

這讓我想起我之前常去的一家餐廳。每次到那家餐廳，我總是會點「清蒸草蝦」，這道菜需搭配芥末醬油，最後那一次，我發現隨菜附上的芥末沒有味道，隨口就問了店長，沒想到店長居然回我說：

「啊你也知道的，油電價都上漲了，爲了降低成本，一些配料我們會進一些價格比較便宜的，可能是這樣子品質會有點差啦。」

可能是熟客，店長居然敢如此坦白地告訴我原因，但是我心裡面仍不是很舒坦：原物料價格也許上漲讓店家面臨許多成本壓力，但是，你不能因爲成本而降低你菜色的品質，說眞的，許多人愛上這一家餐館，就是衝著菜好吃才來的，如果有一天，菜變得不是那麼好吃了，現實的消費者不會如此死忠地繼續支持這一家餐廳的。但原物料成本增加是事實，所以店家能做的，就是提高售價。在我的看法裡，有理由的提高合理的售價來維持品質，這是可以被諒解的，但如果因爲成本提高而降低品質，那就表示經營者不夠敬業：除了對客人不尊重、更對他的作品（菜）不尊重、不敬業。

所以，那家降低芥末品質的餐廳我再也沒有去過了，而這家烤鴨餐廳應該也是，只不過我還是很喜歡吃烤鴨，下次我會找一家附青蔥的烤鴨店再試試看。

10 套交情

不知爲何，最近很討厭聽見「交情」這個字眼。

你什麼時候會與別人套交情？最近排課的時候，生性愼重的我，都會與所有合作的補習班做確認，畢竟我的課太滿、時段有限，而要我課的補習班又太多，所以，如果有補習班願意「割愛」，所餘時段必定馬上被標走。有某家已經合作很久的補習班，最近與他做排課確認的同時，老闆笑著對我說：「老師，憑我們的『交情』與默契，何必確認成這麼認眞？」

我笑笑。社會經驗告訴我，「交情」這東西，是不値錢的。當有人要與你套交情，通常是要從你身上沾點好處，可是事實上，他與你是沒什麼交情的——會與你套交情的人，通常是沒啥交情！

我一直覺得，「交情」的定義是會主動爲對方著想，如果我與某人交情頗深，我會主動在決定事情的時候爲對方多想一點。對方若能體諒我的決定，那就是眞的很有「交情」。「交情」不是掛在嘴上的口頭禪，「交情」是一種默契、是人與人相處能肝膽相照、貼心美德的極致發揮！

有趣的是，人常會錯估自己在對方心中的地位：你認爲與他交情頗深，可是對方也許不這麼認爲。結過婚的人都知道，結婚的過程，周遭朋友對你的態度，就是一種交情的檢驗。原以爲可以放喜帖的對象，結果回覆的，可能是簡單「意思意思」的紅包，甚至不理不睬的大有人在，然後從此就沒連絡了。當然，這樣子就知道這位朋友與你的交情程度到哪裡；可是卻也有驚喜——有位可能在你心中是所謂的「泛泛之交」，此時包的紅包金額卻高到出乎你意料，就不知道你的心中會不會感到有點不好意思呢？

如果已經有經歷過一些事件，彼此都已經知道自己在對方心中的地位，那麼這反而是一件好事，畢竟未來相處的分寸大家就可以拿捏，不必熱臉去貼冷屁股，也不會希望高失望深。但在這無奇不有的花花世界，就有些人的想法與做法都相當自我，他自以爲是，即使辜負過別人，卻一點也不以爲意，而且還繼續與對方「套交情」，這種爲達目的不擇手段、接近寡廉鮮恥的態度，就相當令人感到心噁。

有兩個人平時感情相當好，A想創業、B也想與她一起合夥，然而萬事起頭難，百廢待興的混亂讓B萌生退意，結果在資金投入後、店面裝潢作業到一半，忽然向A說她要退出且要抽回資金，這種背叛式的做法，壓根罔顧從前的情義、更不管這樣子的作爲是否會害的計畫陷入無法挽回的地步。A憑藉著毅力，到處籌措資金來彌補缺口，更傲人地度過事業草創期，不但獨力將店開起來，而且業績越來越好，這期間有許多好朋友來A的店裡捧場，他們從未藉「交情」與喊價，反而覺得因爲有「交情」，更應該常來捧場以表支持，這讓A點滴在心、感激不已。期間B從未表示任何支持，且非常世故地在商言商、常批評A店裡的商品並質疑她的經營模式，而由於A店業績傲人，B終於忍不住心動，決定要買某件商品並要求A折價。A向B表明已經主動降價了，可是B還是不滿意，口中居然說出「憑我們的交情，你不應該算我這麼貴！」

不提則已，聽見B這麼一說之後，新仇舊恨、創業惟艱的辛酸，一股腦地擁上心頭，A相當不屑地悶哼一聲，歷經磨練的她也世故地與B在商言商，堅持這已是最優價格。這件事情後續還在發展中，但相信大家都可以看出，A與B的「交情」，早已在B當初的背叛中被消耗得差不多了，在歷經創業初期的冰冷態度，兩人所剩無幾的交情就已蕩然無存。其實，已成泛泛之交的兩人倒也不是一定要成陌路，只不過，怎麼還有臉提所謂的「交情」？而且還是破壞交情的始作俑者！在A感嘆從前交友不慎的同時，也對世態轉變唏噓不已，畢竟一路過來，誰有交情誰無交情，早有一把尺去清楚衡量過。

看過這篇文章，不知是否會讓你開始省思你與周遭友人的「交情」深淺呢？害人之心不可有、防人之心也不可無，在省思的過程，如果大家能緊守「我不害人、但也要當心不讓人害我」的原則，其實世界還是很美好的。所以，下次如果你想與別人攀談提「交情」兩字的時候，請你慎思，畢竟提「交情」是要自對方身上獲取利益的，但如果遇上對方城府深、自認與你沒啥「交情」，你提這字眼，也許還會壞事呢。我就幾乎不與別人提「交情」。

也或許，臉薄的我，根本與別人都沒什麼「交情」！哈哈。

11 被寵壞的小公主

有次與師母到一家小餐廳吃飯，卻被不斷傳來小孩子的哭聲壞了吃飯的好興致，原來，是鄰桌的一對母女，其中約莫是三歲左右的小女孩一直在哭鬧著，任憑她媽媽如何去哄，似乎都不怎麼管用。

持續的哭聲實在是令人有點受不了，用餐的品質被嚴重打擾，於是我不客氣回頭問那位母親：「妹妹怎麼了？身體不舒服嗎？」

「沒有沒有！她只是要我抱，不好意思喔。」母親倒是慈眉善目，但是滿臉歉疚地向我致歉，一邊還不忘向坐在旁邊的小女孩安撫：「乖喔，別哭，要不要吃一口，媽媽餵喔……，媽媽快吃完了，吃完了就抱你喔……乖乖喔……。」

見這位母親如此和氣，儘管皺著眉頭，我也沒有再說什麼。打量了一下那女孩，三歲左右，外表各方面都算正常，自己坐著拿湯匙吃飯應該不是問題，可是卻一直在哭鬧著，不肯自己吃飯。我轉回頭，低聲對師母說：「這小孩眞是沒家教。」

「噗！」師母居然笑出來：「剛剛我聽見後面那一桌的人也這樣說耶。」

還沒結婚有小孩之前，常在外面看見許多父母親高聲打罵自己的頑皮小孩，這讓我感覺很沒氣質，於是就發誓以後成爲父親後絕不如此表現。印象中，自己的孩子在小時候還蠻受教的，有時候在外面不小心人來瘋調皮了一點，只要我使眼色一瞪，他們一定都會收斂，因爲我的孩子知道如果不聽話，回家後立刻就會受到極爲嚴厲的處分。我認爲，服從權威也是一種教育，如果讓孩子天不怕地不怕地「自由發展」，就很容易發展出以自我爲中心的性格，目中無人的結果，就是造成現今社會的許多「小王子」與「小公主」的重要因素。我常對我某些朋友戲稱他們的孩子爲「少爺」、「小姐」，不知道他們是否了解我語氣中刻薄無情的挖苦。

好不容易那對母女用完了餐，母親就急著將孩子抱起到櫃台買單，也許是因爲心中的羞愧，這位媽媽在付帳的過程一直背對著我們，而小女孩仍然一直哭鬧著，聽得出來那聲音只是嬌縱的無病呻吟。我忽然靈光一閃，藉著那位母親背對著我的好機會，以宇宙無敵、超級非常兇狠的眼神，瞪向那小女孩，有趣的是，那女孩看見我眼神的兇光，居然馬上停止了哭鬧。

小女孩似乎有點吃驚地看著我一會兒，我依然不客氣、集中火力地用眼睛兇她，她故意別過頭，又開始無厘頭地哭了起來，然後又慢慢地轉頭想偷看我，發現我還是如此猛力在瞪，於是停止了啼哭，臉上的表情似乎在思考著我是怎樣的一個人，爲何這麼兇……。儘管看見她這種莫名的神情已經讓我心裡面笑翻了，但我還是很努力地故意以最兇狠的表情看著她。這種撲克表情，我是相當有自信的，許多學生見到我之後的第一個感覺，通常都以爲我是一位超級嚴肅的老師，等到相處久了，才知道我和藹可親的好個性。

「好了啦，你嚇到她了啦。」師母知道我的目的，將我拉回到現實。我笑著回答：「就是要嚇她呀，讓她知道這個世界上還有壞人。」

「拜託，她只是個孩子，等一下離開之後，就會把你剛剛瞪她的事忘得一乾二淨，繼續當她的『大小姐』！你別孩子氣了啦。」

剛好我們也用餐完畢，於是也起身到櫃台準備結帳。望著那對母女離去的背影，只見那女孩還在滿臉疑惑地看著我，令我不禁莞爾，也對現在社會因爲少子化，而養出許許多多的「小王子」與「小公主」感到憂心。自己能夠做的，就是不要成爲養出有「公主病」和「王子病」的推手，被他人恥笑事小，如果還造成社會問題，那可眞是千古罪人了！

12 詐騙

遇到詐騙集團行騙已經成爲現在大家共同的生活經驗之一，現在，就與大家分享我的故事。當然，這件事只是我衆多遭詐故事中的其中一則比較精彩的故事而已。

日前我透過網路要買一樣產品。網路的好處就是方便、可以比價，可是，這次就是因爲比價，害我差一點墜入詐騙集團的陷阱。

這件產品，市價平均約兩萬八，結果，我在網路上居然找到一位賣家標價只要五千，心動加好奇，我下標了，而更令我驚喜的是，就在隔天，我就被通知得標。

由於是約定面交，所以我的戒心就比較低。我與賣家相約在台北車站捷運站六號出口處面交，到場之後，我立刻和賣家電話聯繫，但是賣家在電話中說是第一次交易，擔心我的身分是警察，「你沒懷疑我的貨爲何這麼便宜嗎？坦白說，因爲老闆欺負我，所以我就偷了一點貨隨便賣給你，但是如果你是警察，我就慘了。」

「那要怎麼樣？」我對電話不耐地說。忙碌如我，已經跑到台北車站了，如果空手而回，會讓我有點懊惱，而這種想法，居然讓我忘了應該對這種不正當來源的貨物表示拒絕。

「那這樣子好了，你就到便利商店買一張『橘子點卡』並儲值到五千元，然後拿卡片來跟我交換，因爲這樣子沒有現金交易，我就不怕警察了。」

我皺了眉頭，第一次遇到這種交易方式，不過想想我也沒損失，而且也沒聽說過有詐騙集團利用這種方式進行詐騙，就應允了，並直接走到旁邊的超商說要買「橘子點卡」加值五千，但店員說，一次最多只能加值一千。我根本沒買過遊戲點卡，也不知道到底可以加值多少，所以就回絕了店員，再走到對面另外一家超商說要買加值五千元的橘子點卡，結果，店員回答我說沒有賣這種遊戲點卡。

我有點煩，打電話給賣家說我買不到這種橘子點卡，並且告訴他我的購買經過。

「既然一次只能加值一千，你一次購買五張共五千不就好了嗎？」

「幹嘛那麼麻煩，我直接給你現金就好啦，我買過這麼多次東西也沒有碰過像你這種要什麼橘子點卡的，我保證我絕對不是警察啦。」

「大哥，麻煩才安全，不要怕麻煩啦，你找不到比我更便宜的，再去買一下好嗎？我帶著貨十分鐘之內馬上到。」

掛上電話，猶豫了一下，再走到另一家超商，結果店員也是說只能一次加值一千，我說我要五張，結果店員說他們存貨只剩兩張。

我抓狂了！買個東西那麼麻煩！最近的生活已經被尊寵慣了的我，實在不想受這種鳥氣，決定再打最後一通電話給賣家，告訴他我就是要用現金買，如果不同意我就決定取消交易。

「什麼？你要取消交易？」電話另一頭的賣家語氣變得很不客氣，「我已經快到了你才說要取消交易，你意思是要放我鳥囉？」

「我沒有放你鳥，我只是想跟你直接現金交易，而不必用什麼橘子點卡來換。」天秤座的我，維持一貫的理性平和語氣。

「喂，這位大哥呀，我覺得你很沒誠意喔，橘子點卡怎麼可能買不到？你是在台北市最熱鬧的地方耶，我看你說你買不到是故意唬弄我的喔。」賣家的語調一下子變得很有「兄弟味」，「你唬弄我又要放我鳥，我看你是不知道我強哥的厲害，你最好去打聽一下我強哥的名號！」

哇賽，跟我耍黑？我世面見多了還怕這種小嘍囉嗎？但是我還是維持平和的語氣回他，「現金交易，不然取消。」

「我看你是沒聽懂喔，我強哥在竹×幫可是大人物耶，竹×幫的忠堂、孝堂、仁堂、義堂哪個兄弟看到我不叫我一聲大哥？你敢放我鳥不去買橘子點卡，我就讓你斷手斷腳……。」

我實在聽不下去他的瘋言瘋語，他如果是大哥，我還是精神領袖呢。我冷冷地回一句：「取消交易！」

「×……」我對我太晚掛上電話而聽見一個不該聽到的字眼感到懊惱。

之後我詢問過所有的朋友，大家都沒有聽過這種交易方式。直到有一天，我跟一個當警察的朋友聊天，並向他說出這件事的經過，沒想到他很驚訝地直說我的運氣眞好，因爲這是新近發生的詐騙案例：「幸好你都買不到卡片！你買了點數卡，他還是不會出面，他會在電話中要求你直接刮開卡片，告訴他帳號與密碼，並且會要你的身分資料做核對，你沒有戒心，一定會答應，當你將一切都告訴他之後，他會立刻掛上電話，你就玩完了。我接過有一位被害人，因為身分被冒用，還被當作是詐騙集團的成員呢。」原來，他只要知道了帳號密碼與我的個人資料之後，不需要卡片，就可以直接使用遊戲點數，那五千就直接被騙損失；除了如此，他還會利用我的身分資料再去進行其他詐騙，我會莫名其妙地一大堆麻煩上身，然後一直被這件事深深困擾到不知何年何月。

我慶幸有神明默默保佑，也由於無知害我差一點受騙，所以在此就這件事與大家分享。其實，詐騙集團都是利用人性貪念，我這次會差一點上當不正也是如此嗎？「不貪」、「謹慎」是不被詐騙的兩大法則，希望大家切記共勉呀。

13 開心遊戲的偷菜文化與心態

社群網站的遊戲，是許多人每天必做的消遣工具之一。尤其是早期的「開心」系列，它們的遊戲規則不會太複雜，過關的難度適中，自最早的「開心農場」，到後來的「開心泡泡貓」、「開心水族箱」等，好像都很受歡迎。

這些遊戲，它們的共同特點，是可以逛到你的社群朋友的同種遊戲中，與大家一起互動。而互動的方法，有的是可以相互幫忙的、也有扯一下後腿的，其中像開心農場的「偷菜」，或者是開心水族箱的「偷寶」，算是最考驗人性的一種具有攻擊性的互動。因爲人性，通常會想去占有別人的東西，但是，自己所擁有的東西卻比較吝於與別人分享，所以，偷別人的東西會有快感，而如果是自己的東西被偷，有些人就會在意好久。

以年齡來說，我算是網路經驗相當豐富的玩家，所以我知道，網路是虛擬的，「認眞就輸了」這五字箴言，都一直放在心上。君不見，許多網路留言所引發的大戰，就是因爲大家都躲在網路的後面，所以就不需要去太顧慮別人，可以完全不忌憚地說出自己心中想法，甚至也不管禮節的有無就大放厥詞，於是，意見不合的彼此就會「大打出手」，輕則傷了和氣，重則延燒到眞實世界對簿公堂的也時有聞之。我自己也有過幾次血淋淋的經驗，後來回想起來，就覺得那些爭執，其實是相當無謂且無聊的，所以，現在上網除了特定目的之外，絕對恪守「認眞就輸了」的道理，輕鬆上網來開心玩遊戲。

我玩「開心水族箱」有兩年多的歷史，等級也已經到達百級，幾乎每天都會上個好幾次去餵魚收寶。記得剛開始玩的時候，因爲等級低、能養的魚數少、種類也少，要快速累積財富，就必須去偷朋友的寶物。有些人相當大方地讓你偷，但是有些人，爲了防止別人偷盜他的寶物，就會採取像養「劍魚」等主動防衛措施，甚至還給你短訊向你抗議、要你不要來偷等等。我自己也曾有過這種心態，因爲你到達一定的等級，養的魚種類多、數目也多，產寶的種類與量當然都多，朋友多的玩家當然會吸引許多人來偷你寶，所以，我也曾經養過「劍魚」、「鍋牛」、「小海豹」，甚至最近新推出的「旋風螺」來護寶。只是，在「認眞就輸了」的心態下，現在的我，已經幾乎不去在乎朋友來偷我的寶，大家愛怎麼偷就怎麼偷，在完全開放的情況之下，每天有上百人次來偷我的寶也不足爲奇，但即使我的等級不算低，爲了獲得遊戲所設計的特殊魚種或寵物以及寶物，我還是多多少少會去朋友的魚缸去偷一些少見的寶物，而盜亦有道，我只偷我需要的寶物，而且偷完之後都會幫好友餵魚來表示謝意。

身分爲教師的我，在網路上的朋友大多是學生或是同業後輩，他們年紀輕血氣方剛，與他們互動是相當辛苦的，因爲你是老師、是長者，所以度量要大、不能與學生、後輩太過計較，否則就失了你的身分地位該有的樣子。想想也不禁莞爾：這些社群遊戲，儼然就是社會的縮影，平凡小卒可以藉著遊戲來磨練自己的待人接物，而比較具有身分的人，就要更注意自己的網路表現，否則動輒得咎得了負評傷了尊嚴，那就得不償失了。所幸我個人年歲已大，不但看得開、度量也變大了，跟這群小朋友相處，已經是相當得心應手，所以我不但不忌諱大家來偷我的寶、偷完朋友的寶一定會幫忙餵魚之外，有時候我還會送一些星座魚或其他東西給朋友，以增進彼此交流的情趣，讓自己受歡迎。畢竟，人是群居動物，不論是網路的虛擬或是現實的世界，都不能活在自己的圈圈中。

你玩開心遊戲嗎？你會偷別人的菜或寶物嗎？你的度量是大還是小呢？你會大方送朋友東西嗎？開心遊戲可以洞悉人性呢，這眞是太有趣了！

因爲，每個人在這個世界上，都不可避免地一定要玩「社會開心遊戲」。

14

奧客的心態

生性爽快的我，買東西很少殺價，因爲我認爲：不殺價可以要求品質，一分錢一分貨，便宜也通常沒好貨。只是我雖然不殺價，但我發現比價比殺價更重要，而且在比價過程中，甚至還可以學到很多經驗。

之前住的房子，曾因爲浴室浴缸漏水，所以決定將浴缸整個換掉，改成普通的淋浴間就好。當時我請第一家公司來估價，他東看看西看看，告訴我說除了換掉浴缸做淋浴間加裝拉門之外，還說原來牆面磁磚老化，必須要全部換掉、而地面磁磚爲了防水也必須要全部換掉，林林總總加起來要八萬多元。我有點吃驚，因爲整個浴室大小不到兩坪，我原本只是要換掉浴缸，就要花這麼多錢？但自己畢竟是門外漢，所以對他的估價，也不置可否。這時，有位朋友知道我要整理浴室，於是推薦一位泥水師傅，這位師傅來估價後，告訴我只要兩萬元就可以做好。我還老實問他牆面磁磚還有原本地面的防水問題，他很直接告訴我那些都沒有更換的必要，而且都會處理得很好要我放心，當然，後來也順利完工，而且做得品質還眞的不賴。

多年之後，我們換了新房子，住了幾年，新居的浴室浴缸又發生一樣漏水的問題。由於新房子面積比較大，工作繁忙喜歡以泡澡紓壓的我，這次決定直接做水泥浴缸，就像溫泉飯店看起來很高級的那種。由於接近年關，曾幫我施工的那位熟識的泥水師傅，因爲案子繁多無法分身，所以我就自己先找了其他公司來估價。沒想到，事情與之前如出一轍，那家公司來估價時，也是說這要換那要做的，開價居然要十五萬！由於之前經驗心裡有底，所以就極力央求之前那位泥水師傅務必幫忙。那位師傅眞的無法分身，所以，他又推薦另一位熟識的師傅來幫我，他估價：三萬有找。一樣幫我處理到好。

我自忖：可能是我的工少利潤低，所以他們才東加加西增增，意圖來擴大他們的利潤。但是消費者又何必當冤大頭呢？合我用就好，不是嗎？不是只有修浴室，熱衷於騎自行車運動的我，把車子的輪胎胎紋騎到磨平也不是太稀奇的事。胎紋磨平了，就要換胎呀，但之前買車的車行已經歇業，所以就改找住家附近的另一家車行來換胎。那老闆見到我的車，一下子嫌我車子的變速器老舊、一下子嫌煞車系統太差，但我只是要換個車胎呀。我當然知道老闆的意思，但是無由端地被他嫌來嫌去，心中著實不大舒服，所以很堅持就只要換胎就好，老闆沒轍，最後只好說一次要換兩個胎他才願意換，開價三千，我同意了，卻因爲臨時缺料，要我隔天再過來換。隔天我很早就過去，可是等到他預定開門營業的時間，卻不見他開門，沒耐心等候的我，於是就轉到附近的另一家自行車行，沒想到，那老闆不但願意幫我換相同品質的輪胎，而且可以只換一個胎，五百元搞定。這家車行我一直到現在都還請他幫我保養車子，中間還換過兩部車，也是跟他買的。

我並非貪小便宜，大家賺錢爲生活，工作當然要有利潤，但是要合情合理，如果你貪心，消費者絕非是笨蛋，只要吃一次虧，有誰還願意下次還來上門呢？如果只爲賺那一次，那你又有多少新客戶能去開發呢？能經營老客戶的，才是做生意的長久之道呀！還記得我之前開的一部車，每次回原廠保養，都是由同一位技師來幫我服務。他做事認眞、常設身處地爲客戶著想，他常說：「把客人的車當作自己的車來做那就對了！」這句話深得我心，所以很得我信任，到後來他自己創業開修車廠，我也跟著他跳槽。但是後來幾次到他的修車廠去做汽車保養時，發現他開始會增加維修名目，跟以往他在原廠時服務的態度有很大的轉變。全台北又不是只有他開修車廠，之後我當然就不大願意到他的那裡去維修保養車子了。

我應該不算是奧客，但是我發覺，有時候那種看起來不愛殺價的客人，他想的、考慮到的，有時候可能比那種愛殺價的奧客更多！但是如果你能夠獲取他們的心，事業會長長久久，那就是已經注定了的事了。

15 我就是手短

很多人看我外表說我很年輕，其實是因爲我的身材並未隨著歲月而走樣。但在先天上，我的身材並不好：身高不算高、胸部很厚、手卻太短，所以很難買到適合尺寸的成衣。上網買衣服的次數有幾次，但每次收到貨之後試穿，總是哪裡覺得不對勁：不是胸口的地方太緊、就是袖子太長，索性現在都直接到店面買衣服，不合的話，就直接要店家他們幫我修改，如果不能修改我就不會買。

百貨公司的衣服通常比較高級，服務也比較好，我並不算是一個太奢侈的人，一年裡也只到過百貨公司兩、三次去添購新衣服，所以荷包還不算太傷。記得約十幾年前，我開始注意到上課時的服裝儀容，認爲一位補教老師穿著一定要有特色，所以，就買了一系列的唐裝，畢竟那時的我年紀還年輕，穿唐裝可以讓自己看起來感覺比較穩重。有一次，在一家高檔的百貨公司，我看上了一套唐裝，試穿了之後一切感覺都還不錯，但就是袖子太長，挑小一號的感覺又太緊了。

「怎麼袖子都這麼長？」那時候還年輕，不常買衣服的我還不知道自己身材上的缺點。

「這些衣服都是外國尺寸的。」店員回答。

外國尺寸？唐裝不都是給黃種人穿的嗎？一頭霧水的我，自嘲地回答：「可能是我的手太短了，哈哈！」

「對呀，我也這麼認爲！」

天呀，那位店員居然還這樣子接話！我看了她一眼，她面無表情。我立刻脫下衣服「丟」給她，頭也不回地走出店門。

是那位店員沒受專業訓練，還是看不起當時看起來相當年輕的我可能買不起那件高檔的唐裝？我依稀還記得那件衣服標價八千八百八十八元，現在回想起來，有點慶幸當時沒有下手，因爲我對唐裝的熱度並沒有維持太久，衣櫃裡現存的十多件唐裝，現在一年穿不到一、兩次。

近幾年來，也許是事業發展還算順利，加上外表真的看起來成熟穩重多了，所以外出消費時，真的都有感受店家對我的「熱絡度」。之前，到新莊副都心附近參觀一些新建案的房子，由於並不是真的有心要買，所以我對於銷售員所推薦的物件都挑三嫌四地相當不友善。沒想到，那銷售員見我口氣很大，居然開口問我：「陳先生，我們有一戶未定價的精華保留戶，是頂樓，面積是一百六十坪，您有沒有興趣參考一下？」

一百六十坪？她剛剛介紹給我的物件平均單價每坪都要七十萬上下，我心裡盤算一下，乖乖，這要上億呢！

「你沒定價我要怎麼考慮？」她介紹給我上億的物件，坦白說我有點嚇一跳，但仍故作鎮靜。

「陳先生就出個價吧，我們經理等一下會過來您談的！以陳先生您身分地位，住這間豪宅相得益彰！」

「你又知道我是什麼身分地位？哈哈。」看著相當狗腿的銷售員，心中有點飄飄然。

「怎麼會看不出來？雖然還沒問您哪裡高就，但一看就看得出來您一定是位事業有成的大老闆！」

儘管最後並沒有跟她成交，畢竟以我目前財力還眞的是買不起，但也因爲這件事，我對自己多出了好多自信——我，「看起來」像大老闆喔！不經一事不長一智，就好像當初買唐裝，就是因爲那樣，我才知道自己的手還眞短、比一般人還短那麼一點點。

後來，開始流行韓系服裝，那種修身剪裁的襯衫，穿起來感覺還眞是年輕。身材沒有走樣、又想裝年輕的我這種中年歐吉桑，穿這樣子的衣服是最適合不過的了，所以去年底，又逛了一趟百貨公司，找到了喜歡的襯衫樣式，當然要試穿，果然，袖子又太長。

「我的手眞的太短了喔……。」我對著鏡子，皺皺眉頭地故意說道。並不是我沒有自信，而是自信過了頭的我，想觀察店家的反應，再決定要不要買。

「怎麼會！」店員立刻拿起捲尺幫我量尺寸，「是襯衫做太長了啦，我來量一下您手長的尺寸，幫您做修改。」她邊量邊說道：「袖子可以改短，但是要增長比較麻煩，所以，工廠都會故意將袖子做長一點來應付手長客人的需求，您的身材很標準，是有些人的手太長啦！如果這一件您喜歡，我立刻請工廠幫您做修改，改完之後再專送到府上！」

的確，是別人的手太長，不是我的手太短！我不假思索地回頭告訴店員：「好，這一件我要了，另外我還想試穿那一件、還有那一件……喔，還有那一件也要，沒問題的話你再幫我改短一下袖長，我都要買！」

16 到大賣場「撿便宜」

大家都喜歡到大賣場買東西，停車便利、貨色齊全、價格便宜等都是原因。在促銷期間，大賣場總是用「撿便宜」的口號招攬顧客，而我這篇文章所談的「撿便宜」，是讓你真的撿到便宜！只要你夠細心的話。

我也是大賣場的常客，特別是對某C品牌的大賣場，一個月都至少會去一次，之前曾聽說那裡常會標錯價，所以，在上一次去的時候，就特別用力去注意，結果，眞的就讓我發現了，雖然還讓我受了一頓鳥氣。事情是發生在買我最喜歡的「紅地球葡萄」的時候，懸掛在上面黃色價牌清楚寫著「每包六十九元」，霎時我眼睛就睜大了起來，因爲那一包看起來大約有兩三斤，每包六十九元實在太便宜了，於是，就趕快拿了一包過去標價，結果拿回來時發現，貼在袋子上面的標價標籤居然寫著「兩百零五元」！我立刻抗議：「你們的價牌標示是寫每包六十九元耶！」

貼標籤的員工皺起眉頭，用無線電對講機呼叫了一下，沒多久對方回應：「紅地球葡萄每『斤』六十九元……」，「是每斤六十九元喔，先生，你可能看錯了。」

「可是我剛剛明明看見標價是……」我話還沒說完，眼睛往放置紅地球葡萄的地方看去，發現有兩三個員工正手忙腳亂地在那裡準備換標示牌，我奔過去，抓了一位員工，劈頭就問：「剛明明標六十九元每包，對不對？」

「標錯啦，是標錯啦……。」沒等他說完，我點點頭，就「押」著他到貼標籤處，對著貼標籤的員工說：「他可以作證我沒有看錯，你們明明就是標『每包六十九元』！」

其實，標錯就標錯，但你不可以把責任推到我身上說我「看」錯，我要爭的就是這口氣。但接下來發生的事就讓我傻眼了，沒想到那位員工居然冷冷地說：「反正就是每斤六十九元，要不要買隨便你。」

聽見他說完這句話，胸中的氣就有如火山爆發般。我沒有回話，頭也不回地把推車推到紅地球葡萄那邊，把貨架上所有約五十包的葡萄清光放到我的推車上，然後到貼標籤處：「我要買這些葡萄，而且你們要以每包六十九元賣給我，否則我要告到消保官那裡去，因爲你們廣告標示不實。」我擔心我的話沒有說服力，後面再補了句：「我剛有拍照，你們現在立刻換標示也沒有用！」

那位員工這下才驚覺事態嚴重，於是再以對講機不知道呼叫誰，隱約地，我似乎聽見他說「一直在盧……」，呵呵，好！我等一下就眞的盧給你看。果然不一會兒，有一位看起來是主管的員工走過來詢問我怎一回事，我把事情約略地說了一次，這位員工就比較客氣了：「先生，標錯價是我們不對，爲了表示歉意，我兩包幫您包在一起，然後以六十九元賣給您，希望您別生氣，這樣子可以嗎？」

看他這麼客氣，我氣也消了一半：「其實也不是要找你們麻煩，而是你們不應該明明自己標錯還說我『看』錯。」

「是！是！是我們不對，」他隨手再拿一包說：「這包再送給您，請您多多包涵！」

果然是拿人手短吃人嘴軟，我聳聳肩，氣消了，一切就算了。後來我與朋友聊到這件事時，我那位朋友也有相似的經歷。他是到另一家大賣場採買物品的時候，發現有雙人羽絨被標價每件四百九十元，他很高興地一口氣就拿了四件，結果結帳時發現居然是每件四千九百元，當然又是標價標錯少放一個「0」。一開始賣場的處理也是牽拖說我朋友看錯標價，朋友氣不過，就在那裡「盧」好久，後來不知道賣場是如何安撫我朋友的，反正就賣他一件四百九十元作罷，但只賣他一件。

現在消費者意識高漲，但也不是每個人都不講道理，如果第一線的工作人員能夠做好危機處理，事情也不會鬧大，主客大家也都能和諧相處，不是嗎？就以我的「紅地球葡萄事件」當例子，如果貼標籤的那位員工一開始就說：「對不起，是我們標價標錯了，其實是每斤六十九元，那請問您還要買嗎？」以我的個性，應該就會在那時不了了之了。近來常聽見網路上的一些產品，因爲標錯價而產生消費糾紛，在賣方部分，除了要在標價上仔細核對檢查之外，如果遇到狀況後，能誠心認錯與道歉，我想，絕大部分的消費者應該都不至於太過分。

有興趣到大賣場「撿便宜」嗎？希望你能眞的撿到大便宜！

17 賤人，就是矯情

曾有某台新聞報導說：浴室中最髒、細菌最多的地方，不是馬桶，而是蓮蓬頭！還告訴民眾過年就要到了，所以，蓮蓬頭一定要洗，不但出水孔每個洞都要一一清洗，最好把蓮蓬頭拆下來，拿到醋裡面浸泡半個小時。

我差點噴飯！

蓮蓬頭眞的有髒到要這樣子做處理嗎？也許它藏菌數眞的很多，但是，自然界中的細菌種類，眞正對人體有害的不到20％，而這不到20％的細菌，還有人體免疫系統防衛以及其他益菌與之拮抗，所以讓我們發病的機率眞的很小，要如此費工地清潔處理，浪費物資時間事小，你殺菌過程也會把益菌群整個都屠殺掉了，如此一來，對人體傷害其實也許更大。

其實，我相當同情那些新聞台，他們一天二十四小時不斷地播放新聞，但是台灣小小一個彈丸之地，哪裡來地那麼多的新聞事件呢？只要有雞毛蒜皮大的題材，就不斷地被放大報導，即使未加查證，誤報了也無所謂，反正又不是什麼重大事件，隔天就下架，根本沒有人會記得。如果眞的找不到新聞，那就「編」個新聞：藉眞實的原理，靠自己的想像力寫出（或編出）一篇報導性文章，如「喝汽水後不能立刻吃曼陀珠，否則胃會爆炸」這類原理正確、卻不實際的聳動性報導。但是，新聞報導是社會公器，他們同時負有教育社會大衆的責任，我想，所有的記者在接受學校教育訓練時一定都知道，只是在社會現實的競爭下，早已忘了什麼是新聞道德與新聞精神。

還記得若干年前，忘記是哪一台播報的新聞，他們報導說道：有些不肖加油站爲了降低成本，居然在汽油裡添加「甲醇」。大家都知道假酒就是添加了甲醇，誤飲的話輕則失明重則喪命，所以在新聞中，記者就開始分析汽油添加甲醇的隱憂。我還記得那位記者如是說道：「汽油中添加甲醇，甲醇揮發之後會隨著冷氣進入到車內，車內乘客吸入含甲醇的空氣，輕則失明、重則喪命！」

稍具常識的人就知道：一部正常的汽車，油箱中汽油等其他的物質，如果揮發，也不會經由冷氣孔進入車內，否則整部汽車不就都會瀰漫著汽油味嗎？另外一則新聞是這樣子說的：「記者獨家直擊桃園某製造臭豆腐的工廠，一進入工廠之後，發現整個工廠臭氣薰天，打開製造臭豆腐的桶子，赫然發現裡面的臭豆腐都長黴、並瀰漫著惡臭！」廢話！不臭，怎叫做臭豆腐！這種蜀犬吠日、貽笑大方的新聞報導，不值得一提卻報導地如此聳動，如果不是這些新聞從業人員沒知識沒常識，就是故意拿這些錯誤的報導來塡充播報新聞的時間，順便看能不能引發社會的討論，只是，身爲知識分子的我們，也許會對他們的做法嗤之以鼻，但是，無知而盲從的廣大社會大衆呢？我就曾經與幾位學生討論過這些問題，學生們居然回答我：「他們說的不都是眞的嗎？新聞耶！」

新聞說的又怎樣？多年前新北市蘆洲大囍市社區大火，幾位低樓層的住戶居民在火災發生時跳樓逃生。其中一位小朋友先跳樓，原本已安然著地，但因爲情況實在太過緊急，所以隨後跳樓的母親並沒有查看兒子是否已經離開，便直接一躍而下，不慎正好壓中剛剛先前跳樓且尚未離開的兒子，將他壓成重傷。懊惱不已、淚眼潸潸的母親陪著兒子搭救護車就醫，一旁的白目記者居然問到：「這位媽媽，你對你壓傷自己兒子，你有什麼想法？」

有什麼想法？我先轟爆你的頭再說！

多年以來看新聞，我早已經把它當成綜藝節目，許多誇大而顯得光怪陸離的報導，感覺上已見怪不怪。上個月，有一位資深女主播報導一則新聞：「屏東某鄉下社區中，有位小朋友在家裡玩著小皮球，不小心小皮球滾出門外，驚嚇到路過的機車，差點讓機車滑倒，釀成車禍……。」這是一則小事，對吧？正想轉台，沒想到這位資深女主播居然說道：「這件事是如何造成的呢？讓我們來深入探討一下，以下是我們的分析報導……。」呵呵，這種小事還要分析並深入探討呢！那我就當作茶餘飯後看下去，看你們怎麼掰得天花亂墜。

18 蘇乞兒

我有位同事，因爲姓蘇，大家都叫他蘇乞兒。

大概是因爲電影蘇乞兒很紅吧，所以，我的這位同事才被取了個「蘇乞兒」的外號，而即使被叫成乞丐，他長得倒是一點都不乞丐：相貌堂堂、衣冠楚楚、言談風趣又熱心助人，但是我發覺，他的人緣不大好……不，應該是「非常」不好來形容會比較洽當。

第一次領教到蘇乞兒的本事，是他剛加入我們公司工作的時候。我看他活力四射，感覺很好相處，在有一次需要幫忙的時候，我向他開了口：「蘇先生，可不可以麻煩幫我把這兩個箱子搬到五樓儲藏室。」

「沒問題！」他咧著嘴，露出雪白的牙齒，動作相當迅速地完成任務。我感動於他的熱誠與迅速確實，於是跟他說：「謝謝你，等一下中午我請你吃飯！」

「太好了，原來幫了你之後都有飯吃，那以後有什麼問題就儘管來找我吧！」我笑了笑算是回應他，因爲當時的我，覺得他風趣且會開玩笑，但後來每次在請他幫忙的時候，他總會有意無意地說：「老大，等一下我們要到哪裡吃飯？」「路口新開了一家牛肉麵店，看起來很不錯。」我才驚覺事情並非是我想像的，好像有點嚴重。

倒不是我小氣，他並非是我單位的直屬部屬，所以請他幫忙，酬謝他是應該的，但基於同事情誼，如果每次業務上的義助，他心裡都存著報酬上的想法，這的確會讓人感覺有點不大舒坦。那年的中元普渡，我的單位依照習俗買了許多供品要來大拜拜，在儀式結束後，同事們大夥兒七手八腳忙著收拾供品，那位蘇先生就「正巧」出現並要求幫忙。我正想婉拒，沒想到他就已經動起手來，口中還唸唸有詞地說：「等一下整理完，可以請我喝幾瓶飲料嗎？」

我故意不回答。其實以我海派的性格，請他喝一箱飲料都不是問題，但我對他「幫忙即要求報酬」的個性感到相當厭惡，所以就對他的喃喃自語充耳不聞，況且此次我並沒有主動要求他來協助。不料在收拾完供品的同時，我們發現有三、四瓶鋁箔包飲料居然因為有破洞產生滲漏，但剛剛在拜拜儀式時都還好好的，怎麼現在會變成破的？

「大家不要喝，那些破掉的飲料拿去丟掉！再仔細檢查一下其他飲料有沒有問題！」我直覺是飲料公司品管不良，擔心同事拿回去喝出問題，沒想到才一轉眼，蘇先生的嘴裡已經在狂吸一包破掉的紅茶，手上還拿著那幾包已經滲漏的鋁箔包。

「你在幹什麼？你不怕喝了食物中毒嗎？」我不可置信地瞪大眼。

「沒事，沒事，飲料丟掉了可惜。」他還是笑瞇瞇地。

「蘇乞兒」這個綽號就此誕生，還有人謠傳說那幾包飲料是他為了故意占便宜所動的手腳。

公司同事相處非常和樂，所以常常你請我、我請你，大家輪流作東請吃飯，長期下來，許多同事發現這位蘇先生，每次都到場吃飯，但從來沒做過東付過帳，所以有一次就設計他作東請吃飯，沒想到飯局結束前，他低聲向我開口：「老大，我忘了帶錢，你可不可以先幫我墊一下，我再還你。」傻眼之餘，我掏出了幾張四位小朋友，讓他充面子，結果後來，他錢從來沒還過我，向他提起幾次，他總是說：「啊，眞不好意思，我今天錢帶不夠多，明天一定拿來還你。」

明天永遠有明天，反正那次就算我請客，而他還是從來沒有眞正作東過，也照樣跟著大家吃吃喝喝。我曾經假設這位蘇先生家境清寒，但後來發現，他名下不動產可能比全公司的人加起來還多，所以經濟狀況沒問題，這愛占便宜的個性，恐怕是天性使然。

我們的公司不大不小，門禁不森嚴的情形下，常有人在辦公室財物遭竊。同事吳小姐幾天前遺失了他新買的高級x-PHONE智慧型手機，正在懊惱的同時，發現蘇乞兒有時候會偷偷地使用x-PHONE講電話。吳小姐暗忖蘇乞兒生性吝嗇愛占便宜，怎可能花錢買x-PHONE？好奇心的驅使下，偷偷藉機觀察，居然發現那x-PHONE正是她遺失的那支手機。蘇乞兒辯稱說那手機是他撿到的，並毫不猶豫地還給吳小姐，還買了蛋糕賠罪。畢竟是同事，手機也失而復得，即使憤怒，吳小姐也就沒有追究，但因爲這件事，引起一部分公司同仁的疑心：辦公室內竊案頻傳，是不是都是蘇乞兒的傑作？我不清楚後來的事情是如何發展的，反正就有同事陸陸續續指證蘇乞兒偷竊，並獲得證實。蘇乞兒不但愛占便宜，連手腳都不乾淨。

所有同事連署要求老闆炒蘇乞兒魷魚以清理門戶，否則就要報警處理。由於蘇乞兒平時工作表現不錯，老闆對他印象很好，接受連署的同時，讓老闆相當爲難，但畢竟眾怒難犯，在所有同仁的堅持下，只好令蘇乞兒離職。原以爲這位蘇先生會學到乖，沒想到前幾天居然自新聞畫面，看見他在百貨公司順手牽羊被當場逮捕，警方還說他家境富裕，不明白他犯案動機等等，眞令人感概萬千。

愛占便宜的心態是每個人都有的，但只知占有且不擇手段幾近病態像蘇乞兒，這就不是一般人所會表現的。社會上有許多知名的企業家，道貌岸然，詐騙了許多人的血汗錢而逍遙法外不願負責，事實上跟我們這位蘇乞兒，根本上是沒有兩樣的。

三、玩謔趣味道

1 555三五牌香菸的由來

（本故事略帶有色彩，十八歲以下或衛道者可考慮閱讀）

話說第二次世界大戰的時候，北非是非常重要的戰場，因為，當地蘊藏大量石油，如果得到油田，對前線戰力，必定有相當大的幫助。

激戰北非的是：以美軍為首的同盟國將領——狡猾的蒙格馬利將軍、還有以德軍為首的軸心國將領——沙漠之狐隆美爾將軍。

某天，兩軍就在北非利比亞附近的沙哈拉沙漠中遭遇了。此時，兩軍勢均力敵，若正面激戰，恐將大量死傷，於是雙方將領協調同意，不如各派出十位最優秀的阿兵哥，讓對方將領來進行操練，表現優異的一方就獲勝，勝者可以推進一千公里，輸的一方就要無條件後退一千公里。

比賽開始了，美軍派出十位優秀的阿兵哥讓隆美爾指揮：

「向右轉！向左轉！向後轉！立正！稍息！……。」只見美軍動作一致，隆美爾沒輒。

換德軍派出十位阿兵哥讓蒙格瑪利指揮。德軍素來訓練精良，精神士氣都十分高昂，若只是一般方法，恐怕贏不了……蒙格馬利暗想著，於是決定……

「各位注意！」蒙格馬利說：「現在聽我命令：口令『1』代表脫褲子、口令『2』代表握起你的棒棒、口令『3』代表將棒棒往後拉、口令『4』則是尿尿、口令『5』將棒棒往前推、口令『6』是放下棒棒、口令、『7』是穿好褲子。以上，大家都了解嗎？」

「是的長官！」德軍回答的聲音響徹雲霄。

「好……」蒙格馬利點頭，心中暗笑：「1！」

只見德軍動作一致，顯見訓練有素。

「2！3！」蒙格馬利繼續喊，德軍依然動作一致。

「4！」天呀，10位德軍排成一列，自側面觀察，不論是尿尿的曲線弧度、速度、還有尿量，居然都一致。

眼見德軍就要獲勝了，隆美爾心中不禁竊喜……狡猾的蒙格馬利將戰況看在眼裡，卻面不改色繼續命令「5！」，接著，持續而快速下達著口令：「3！……5！……3！……5！……3！5！3！5！3！5！……」剛剛還沾沾自喜的隆美爾，臉色越變越難看，因爲，就在約一分鐘之後，德軍十位阿兵哥中，終於有幾位忍不住，做出了「4」的動作……。

美軍爲了紀念這次不費一兵一卒所得到的光榮勝利，就將該年所出廠的香菸，命名爲555「三五牌香菸」。

【後記】

本篇是水鳥師在民國七十五年報考大學的之前，與胞弟一起想出的餘興創作，這個小故事還加上歷史背景，眞的是傑作，只不過，不知道我老弟是否記得這件往事……。

2 好習慣

下了好久的雨，今天終於停了。雖然是blue Monday，微風迎人的好天氣，配合剛下班的好心情，我心中哼著歌，以散步的優閒感覺走到熟悉的站牌處等候公車。

好難得！平常等候公車的人好多，今天居然一個人都沒有，希望等一下車上不要太擁擠，讓我的好心情可以一直延續下去。

果然運氣眞好，不到一分鐘，公車到了！我興奮地向公車揮了揮手，車子停在我前面並打開車門，「小姐，站牌已經搬到前面去了啦，你下次不要在這裡等車喔，不然你會永遠等不到車。」公車司機對著走上車的我說。

原來如此！我就覺得奇怪，平常人潮洶湧的公車站牌，怎麼今天人群都不見了？回頭看了一下，果然剛剛等車的地方並沒有站牌。我向公車司機點點頭表示謝意，心裡覺得奇怪，上星期我還在這裡等候公車的呀，怎麼過了一個週末位置就變了？印象裡也沒有站牌遷移的告示，剛剛因爲天氣好心情好心不在焉，所以就依照「習慣」在舊站牌處等車，沒看見平常的人龍居然沒有太大的疑惑，也沒發現在前方不遠處有正在等車的人群，站牌的新位置就是遷移到那裡。

「習慣」眞是可怕呀！柏拉圖曾說過：「人，是『習慣』的奴隸！」它可以是讓人循規蹈矩的「好習慣」，也可以是讓人失去歡察力與判斷力的「壞習慣」，但要是太去習慣那些「習慣」而成爲「習慣」的奴隸，是否會因此失去了創新與改變的動力？達爾文曾經說過一個故事：古時有一群猿猴，在某天面對著閃電所造成的森林大火，就在所有動物避之由恐不及的當時，有隻猿猴居然克服了畏懼的心，取出了一支著火樹枝的餘燼，於是開啓了使用火的歷史，那隻猿猴，就是人類的祖先。想想當時如果沒有那隻猿猴，人類到現在也許還是茹毛飲血，而我，也不可能在現在可以搭乘著舒適的公車準備回家。

因爲孩子要段考，所以，晚上就盯著女兒讀書，並順便洗衣服還有打掃家裡。洗衣服還有打掃？我平常是先把衣服丟入洗衣機裡面洗，再利用洗衣服的空檔打掃家裡，打掃完畢之後衣服也洗好了，於是就剛好可以去晾衣服。我一直很滿意我這充分利用時間的安排。可是，今天的「好習慣」，讓我在等公車時出了糗，忽然有股欲望想刻意去改變原本的「習慣」。而不知爲何，此時此刻的我居然好想吃冰淇淋，於是就換了衣服，到超市去逛了逛，買了一大桶冰淇淋回家，接著就舒舒服服地邊吃冰淇淋邊上網與朋友聊天。想想當家庭主婦也眞好，不必上班讓屁股一直黏在椅子上，而且眼睛還要一直緊張地盯著電腦螢幕上看，片刻不得閒，儘管我現在也是坐在電腦前看著電腦螢幕，但心情可是截然不同的。我滿足且貪婪地享受著這僅有的幾個小時，讓自己得到完全放鬆的快感。

「媽，我要睡了……。」女兒站在房門口對我說。

我的天，都十點多了耶，我如大夢初醒，緊張地問女兒：「生字複習好了沒？」

「嗯。」

「文史看了沒？」

「嗯。」

「英文單字背了嗎？」「嗯。」「歷史呢？」「嗯……」

「反正你想睡覺就說什麼都唸完了，對吧？」

「嗯……嘿嘿嘿……」女兒笑起來眞可愛。

馬上關燈睡覺，看著她不到三十秒就入睡了，感覺既甜蜜又羨慕。我走出了女兒房門，看著掛在牆上的時鐘，還不到十點半，搖搖頭，心中感覺又好氣又好笑：這像是明天要段考的國中生嗎？現在有哪個國中生可以那麼早睡的？雖然我平常總是催她要早點睡才可以長得高，但是在段考前，看見她的生理時鐘戰勝意志力，還是有點不高興。這到底是「好習慣」還是「壞習慣」呢？不過，我也沒有想這個問題想得太久，因爲，今天晚上，我要爲我自己擅自變動我的「好習慣」來付出代價了。

衣服沒洗，家裡也沒有打掃，所以我忙到大半夜。

【後記】

這是一位學生家長在她的臉書上所敘述的一篇故事，我看了之後有了共鳴，所以經過她的同意後，發揮自己的想像力寫出了這篇文章，希望沒有辜負了這位家長原有的感觸與心情。

3 夜戰

（本文轉自「北市青年」第一百六十三期我的作品，出刊日為民國七十三年四月，水鳥師就讀高一）

一盞孤燈伴著我。夜，很深了，但爲了明天英文能夠平安過關，只好對著蒼白的課本咀嚼。淡黃的的光線射在書本上，揉揉雙眼，哈欠不禁連天。唉，都一點多了。

手背癢癢的。在這冬夜，沒人陪伴多孤獨。嗯，手很癢。呀！都一大包了，奇怪，哪來的野蚊子，這麼冷的天氣。

討厭的東西在耳邊嗡嗡作響。我深怕這玩意兒會有什麼作爲，冷不防給他來個一掌，可惡，看他那自在的樣子，在我眼前示威。

小東西，你不想想看，找我挑戰分明要死。什麼？你不怕，算了，我還是原諒你吧。

人的忍耐可是有限度的。討厭的蚊子，竟不聽勸告直來找碴！可惡，我是一個人，堂堂的一個有智慧的人，怎容得下你這不起眼東西的侮辱。嘿，你等著瞧，我一定要你死無葬身之地。

別跑！別以爲你有一雙薄翅我就追不到你。好，就拿著課本看你飛到那兒去：飛到天上，我站在桌上打；飛到地上，我趴到地上打；到床底，我就跟你滾到床下；鑽進鑰匙孔，我拿鉛線把你掏出來。不讓你死，誓不甘休！

一不留神，桌上的墨水打翻了。死東西，還眞有兩把刷子，整得我累吁吁的。好，暫且坐下來，人是萬物之靈，是最富智慧的動物，怎會輸給你這小東西？辦法是人想出來的，看你還能威風到幾時。

我靜靜坐著，兩眼直瞪那小玩意。嘻，你這笨傢伙，竟然敢停在課本上，看招！唉，眞狡猾，又給你逃掉了。

可惡的蚊子，看你擠眉弄眼、傲慢自得的樣子，令我火冒七丈。嘿，孰不知山人還有最末法寶「DDT」哩。輕輕按下噴頭，冒出的白煙，使我想起沈復的「使蚊沖煙飛鳴，作青雲白鶴觀」，看你這呆頭鶴搖搖欲墜，我不禁泛出勝利的微笑。

直到濃煙嗆鼻，我才停止幻想，眼看此蚊仍健翅如飛，對山人的法寶毫不在意，心中恨的癢癢的，無奈體力用盡、腦力透支，仍沒法子對付這令人唾棄的傢伙。

牆上的鐘敲了三下。

算了，就暫且饒他一命。我是人，一個頂天立地的人。寬宏大量和慈悲爲懷乃是人類的天性，小傢伙，我赦免你的死罪。別以爲我打不過你，是因我這憐憫衆生的天性原諒了你呀！

整理好凌亂的書桌，繼續我未完的夜車。嘿！小傢伙，別不識抬舉，你打不過我的。

脖子、手上、臉上，很快地遍布了他的「勝利品」。不能打，我是有氣度的人哪！不能打，哎，又一個紅點。呀，不能打……。

【後記】

打字的時候，兒子看到我的文章便笑我：「爸爸你好笨喔，連一隻蚊子都抓不到，我上次一掌打死兩隻耶！」

呵呵，我只好苦笑。因爲，我不知道是該跟他解釋我這篇文章的寓意，還是告訴他保護動物的重要性。

4 奇遇記

這個奇遇，到現在爲止我還嘖嘖稱奇。

話說有次因爲拇指肌腱受傷，所以就到家裡附近的某知名中醫診所看診。掛好號，約莫過了五分鐘就被叫入進診室看診，結果一進診室，發現裡面還有位患者仍在與醫師對談中，我一下子也不知道要如何應對，因爲醫師要我坐到旁邊的椅子上，面對原患者的臉也沒有轉向地對我說話：「哪裡不舒服？」

「是拇指挫傷。」我小聲地回答，因爲我眞的不知道她是否是對我說話。

她居然連看都沒看，就開單要我準備到外面熱敷作物理治療就可以離開。有點莫名其妙的我，坦白說有點不滿她的敷衍，所以又不甘心地就跟她說我的腳底還有一個小腫瘤，這時她才轉過頭來看我的腳底。沒想到，剛剛她對我心不在焉的態度立刻消失，就馬上跟我說道：「先生，我有一個最新的療法，可以讓癌末患者都得救，還有對於許多的慢性病如高血壓、糖尿病等都有直接的療效，你等一下，我馬上爲你做詳細說明與介紹！」

我有點驚訝她的態度轉變。這個時候，在我之前的那位患者忽然表示要與醫師直接結束談話，但醫師卻還一直要與那位患者約時間回診，只是我感覺那位患者一直以各種理由在做推託。我當時覺得奇怪：你都沒時間回診，那你幹嘛來這裡看診？可是，不到五分鐘之後，我終於知道那位患者爲何要找理由推託了。

那位患者好不容易終於離開了，於是，醫師要我坐到她旁邊，還要求我給她四十分鐘講解。我表示我的手指挫傷，請先幫我治療，而腳底的小腫瘤是良性瘤，以後慢慢再說也無妨，但醫師卻無視於我的建議，猛推薦這種藥的神奇療效，要我嘗試。其實，我是一位相當尊重專業的人，認為既然上門求診，就應該完全信任醫師，所以我想了一下，就告訴醫師說：「你覺得我應該以何種方法治療，我都會配合。」

醫生聽了很高興，問我：「你有帶身分證嗎？」

「身分證？」

「對，辦一下手續買藥會比較便宜喔？」

「買藥要拿身分證？辦手續？」

買藥為何要拿身分證？這眞是第一次聽說。她隨後就拿出一張單子要我塡——「××直銷公司入會申請書」，我的天！居然要我加入直銷買藥！我苦笑著說，「我不要加入直銷，藥我直接跟你買就好了。」

只見醫師眉頭皺了一下，「這樣子會比較貴，貴一成喔。」

「一成？沒關係啦，我還是直接買就好了。」

醫師點頭，就拿起桌上的計算機，很仔細地算了很久，才又抬頭說道，「療程一共是半年，先拿兩個星期的藥，總價是19720……。」

平地驚起一聲雷！兩個星期就要近兩萬，那半年不就要二十五萬左右了嗎？即使加入直銷便宜一成，也要二十幾萬！忽然想起剛剛那位患者急著求去的心情，原來，醫師一開始不理我的原因，就是正在說服那位患者買藥或加入直銷，而我的出現救了那位患者，幫他解了套。

我有點不悅地說：「醫生，我來看手指，結果你都在推銷你的仙丹。我今天是第一次初診，我不認識你，你也不認識我，別說我對你是否信任，你覺得我有能力拿出錢買藥嗎？算起來，一個月就要四萬，這比一般人一個月的薪水還多耶！」

沒想到這位醫師居然還白目接話：「先生，你手是小傷，我們今天有緣我才推銷這個療程給你。這個藥已經讓我救人無數，所以你一定要信任我，像××立委、××醫師、××律師等都吃這個藥，現在身體好到不行，連我老公吃了，已經七十幾歲的他，昨晚還要求跟我○○××……（按：此內容十八禁所以隱匿），依我看你相貌堂堂氣質非凡（按：這點倒是說的不錯，算她有眼光！）一個月四萬對你應該不是大問題吧，而且千金難買眞健康！」

後來我答應她回家考慮，她要我手指部分先做個物理推拿之後，明天再來回診，明天來回診時再來談買藥的事。我不置可否，做完推拿，包上膏藥，快步走出診所前，發現診室裡面有個患者，醫師正對她說：「我們有緣，這藥救人無數……。」

推銷我當然懂，但是，不論是何種推銷，都要建立在信任的基礎上，比如說補習班遊說學生補習，當然是補習班管理與師資等條件讓學生與家長信任，才會讓人心悅誠服地繳費。今天我與那位醫師第一次見面，她居然連我的主要訴求都不大理會，逕自推銷她的「仙丹」，如果我還加入會員或買藥，身爲知識分子的名譽豈不掃地！如果那位醫師夠聰明，她應該先好好治療我的手指，建立了我對她的信任，我想，也許我會眞的考慮買她的仙丹。

基於那間診所是知名的廣告診所，我也不清楚那藥是否是合法具療效的藥物，所以我就暫時不公開那間診所與藥物名稱。不過寫這個故事，除了告訴大家這有趣的奇遇外，也請需要看病的人注意。我猜，這直銷商可能已經滲入各醫療診所推銷藥品並吸收會員，也或許，過幾天就會有社會新聞版面了。

呵呵，買藥要看身分證，看病變成直銷，這種事情，還眞是奇遇呀。

不久之後，這間開業三十餘年知名中醫診所就停業了……。

5 請用心體會

兒子就讀國中時的聯絡簿，每天都要寫心情小記。這個目的是爲了磨練學生作文能力的好方法，有不少同學視爲畏途，兒子也不例外。

某天，兒子絞盡腦汁，就是不知道今天的心情小記要寫什麼。恰好聽見我在爲女兒複習生物重點，他靈機一動，就在心情小記裡寫上一篇短文：「今天很累、昨天前天，生物行有性生殖，配子是如何產生，受精，雌的，兩生類，企鵝，男生，聲音這麼大聲，鴨嘴獸，卵生，植物與花瓣，花粉管。以上是我今天的心情小記。」寫完之後，趁我忙著爲女兒複習功課、沒有細閱之際，請我簽完名。隔天學校老師批閱的時候，在文後眉批：「你心情小記的內容，老師有點看不懂意思呢。」沒想到兒子居然在老師眉批後，又補上一句話：「請用心體會！」

這件事我是在三天之後重新翻回該頁才發現的，沒想到老師居然還在兒子那句「請用心體會」的後面畫上笑臉。我要兒子跟我說這篇文章的緣由，他才一一道出整件事情的的經過，心中雖然莞爾，但表面上仍不能同意兒子在學校作業上開這個無厘頭的玩笑。我問兒子：「如果這篇文章要你體會，你能體會出什麼道理？」

兒子聽完我的話，聳聳肩說：「其實是我胡亂寫的，哪能體會出道理？」

「不行！」我厲色說道，「你要老師用心體會，就必須要有個道理，否則你就是欺負老師，這樣子是很不禮貌的，難道你不懂尊師重道的道理嗎？」我當然了解兒子做這件事只是一時玩笑，但我還是要做一個機會教育，希望他對於學校作業還是要認眞、也不可以隨便唬弄長輩。

「嗯……」兒子低頭想了一會兒才抬頭又說，「爸，那天的文章眞的是一個玩笑，但如果您眞的要我說，我可以告訴你，那篇文章的意思，就是說明生物的基因靠著生殖繁衍代代相傳，不論是植物還是動物、兩生類、鴨嘴獸還是人類，在今天昨天還有前天，這種事每天都不斷在發生，所以很累。簡單說來，生命是如此不可承受之重……。」

我瞪大眼睛，對兒子能說出這番說辭感到相當意外，本來只是要給他一個教訓，沒想到倒被他說出一個道理來。我想了一下，緩緩說道：「你既然說生命是不可承受之重，希望你知道，父母生育你、教養你是如此辛苦，你就應該好好珍惜生命，做該做的好事，努力用功，還要孝順我們。」我對於自己給他的老八股結論相當滿意，敲了一下他的頭說：「請你用心體會！」

不知道老師畫上笑臉的意思，是否已經眞正用心體會出什麼道理了，但不管如何，投機取巧的玩笑是不值得鼓勵的，畢竟我已經當了十幾年孩子們的父母，感受如此深刻，能不用心體會嗎？

我確實已經用心體會了！

四、時事想感道

1 511大地震末日預言

在二〇一一年五月十一日有個火紅的話題，就是在十點四十二分三十七秒會發生「十四級」毀滅性的大地震。結果呢？當然什麼事都沒發生。

活到現在，經歷過至少三次的末日預言，而我現在還能在這裡寫文章，就表示地球仍正在平穩運轉。第一次世界末日說是發生在一九八六年，那年我正好就讀高中三年級準備考大學，晚上讀書讀累了，就與同學躺在師大附中的大沙漠正中央（我們那時叫學校操場為大沙漠，因為都沒長草而且常有大風沙）欣賞哈雷彗星。就因為每次哈雷彗星造訪，歷史上都會有大戰爭，而那幾年甚囂塵上說美國、蘇聯（蘇聯現已瓦解，現在是俄羅斯）會有核子大戰，世界會一夕滅亡，正碰巧哈雷彗星造訪，預料核戰將一觸即發。我們幾位同學靜靜躺在沙地上，仰望著天空，欣賞著以肉眼就可以看見的彗尾，想想要是世界末日，這樣子的死法也很淒美。

第二次世界末日說是一九九九年。在我唸小學的時候，路上街上到處有人張貼或散發一九九九年末日預言說的宣傳海報或文宣傳單。自小就被這樣子嚇大的，感覺真的不是滋味，後來才搞清楚是某些基督教激進教派藉著一位知名預言家的說法所散布的謠言，不知道是不是如此，讓我對這個宗教從來都沒有好感（個人觀點，請護教者勿見怪），即使自己的外公外婆還有許多舅舅表兄弟姊妹等親戚，甚至連我的妻子娘家都是虔誠基督徒，在二〇〇〇年一月一日凌晨那一刻，我居然不知為何地呵呵訕笑起來。

五月十一日的這一天我根本就忘記這個末日時間，因爲當時我正在打保齡球，本來想把打球時過多的失誤歸罪於大地震，後來啥事都沒發生，害我只好承認是自己實力太差。其實在這個新聞傳開後，我就對學生說這是不可能的事，因爲如果地震強度十四級，那根本就不必躲，更不必在埔里搭貨櫃屋，因爲災難絕對不是一〇一大樓斷成三截如此簡單而已，而是整個台灣會翻過來，既然如此，躲哪裡都一樣，而新聞報導有位王先生還在搭屋屯糧，看起來頂多就只能預防八級地震而已。當然所預言的時間一過，人類幸災樂禍的天性於是表露，幾乎沒有人不把這件事當成笑柄，那位王先生如果眞的只是一位失準的先知，那我對他表示同情，但如果整件事是有所圖的陰謀，一向尖酸刻薄的新聞媒體絕對不會饒過他。

這件事讓我想起二〇〇〇年的美國集體自殺案件。二〇〇〇年時，美國境內有個基督教分支而出的派系「飛碟教派」（呵呵，怎麼又是基督教）。教主聲稱：若在某年某月某日某時在某地輕生（各種死法不一），即可承蒙上帝耶和華接引上升天堂並享有一切。教主廣集參加此案自殺一百餘人之財物，甚至還有來自其他國家的民衆，在所有教徒全部自殺罹難後，教主本人卻沒有自殺，並將金錢財物全部捲款逃離現場。我無意影射511案與這件事情的雷同性，但謠言止於智者，這是身爲一個受過教育的現代人應有的智慧。

五月十一日下午六點，趁著段考停課的空檔，我騎自行車做運動，路過台北市大稻埕碼頭，看見美麗夕陽，不禁神往。怎會有人如此吃飽閒著杞人憂天呢？認眞做好每件事、認眞去過每一天，又何必去計算哪一天是世界末日呢？似乎有心人唯恐天下不亂，再過十天、也就是五月二十一日，也是另一派預言家所說的世界末日，而那天正好是國中基測。我不知道那一天是不是眞的是世界末日，我只知道：如果學生不好好把握這幾天做最最努力的衝刺，五月二十一日那一天，一定就是他的世界末日。

【後記】

本文寫於二〇一一年，後來也經過了另一次「二〇一二」的馬雅世界末日，當然，你現在開心看完這篇文章，表示什麼事都沒發生。

2 由塑化劑事件看人們對「小弟弟」的迷思

若干年前，塑化劑事件造成社會極大衝擊，比起再前幾年的三聚氰胺案有過之而無不及。不一樣的是：三聚氰胺所製成的產品種類比較少、而且是短期獨立事件，而塑化劑所添加的產品種類廣泛、毒之有年，只是最近才被提出來討論，所以受害對象幾乎無人倖免。

其實，絕大部分的人都知道塑膠不能盛裝熱食，但由於不知道害處是什麼，所以也就睁一隻眼閉一隻眼，君不見滿街的自助餐便當店都用PE塑膠袋裝熱湯外帶。人們的心態很奇怪，明知道有害，可是由於不知道害處，或認爲危害沒有立即性的危險，居然都產生自我安慰的心態故意忽視。今天塑化劑事件的震撼，除了新聞媒體炒作的成果之外，還有就是因爲食入DEHP會損害「生殖系統」，才造成飲料業大蕭條，業績至少下滑了七八成。

喝酒傷肝、抽菸傷肺、吃高脂肪速食會造成心血管疾病，可是菸、酒還有麥當勞，天天熱賣。這些傷害，遠比三聚氰胺或塑化劑造成的後果巨大許多，但只是因爲塑化劑會影響生殖功能，最近讓飲料店快撐不下去了。生殖崇拜是古今中外所有人類的共同想法，「不孝有三、無後爲大」、「Hoes before bros.」等說法，證明了不分民族種姓，在人們的普羅觀念中，「性」的重要性永遠被排在第一位。在一般人心態中，得「性病」與得「癌症」，所造成的沮喪程度是幾乎差不多的，明明癌症致死率與結果，比性病高且明確，但我相信一定有許多人寧願得癌症也不願意得性病。記得一回與一群朋友聚餐，有位朋友遲到，他一坐下就立刻拿起筷子準備夾菜用餐，我見狀，好意問他要不要先洗手再用餐，他笑口爽答：「不要緊，我的腸胃是鐵做的，強壯得很，不怕任何病菌啦！」

一會兒之後，我到洗手間小解，出來至洗手處看見他正在仔細洗手，還以爲他想通了，就拍了拍他肩膀：「對嘛，飯前洗手是好習慣喔。」

「不是啦，因爲我等一下要尿尿，所以要先洗手。」他笑著回答我。

「等一下尿尿、現在先洗手？」我的表情一定相當驚訝，「爲甚麼不尿完再洗？不是應該上完廁所之後再洗手嗎？」

「這你就有所不知了，」他瞇著眼對我說，眼神中透露著神祕笑意，「『小弟弟』是很重要的耶，要是用髒手碰它，碰壞了怎麼辦！小弟弟是要用心好好保護的！」

我瞠目結舌搖搖頭，居然小弟弟的健康遠比腸胃還重要，但事後想想不禁莞爾，好像一般人的觀念都是如此，不是嗎？要是這次塑化劑傷的不是生殖器，而是造成高血壓或慢性腎臟病等其他「次要疾病」，引起討論的熱度與影響層面，絕對不會這麼大又這麼久。

忽然想到就讀高中時，有位同學家裡養了一隻活潑的瑪爾濟斯犬，每次去他家都跟他活潑的狗兒互動得相當愉快，可是後來有一回我又去那位同學家造訪時，發現那隻狗一反常態，獨自靜悄悄地趴在沙發底下，悶不吭聲。原來，那位同學的家人才剛帶著狗狗去動物醫院「去勢」，狗是有靈性的動物，牠大該知道牠已經是隻「太監狗」了，所以悶悶不樂。原來，不是只有人類，動物如狗，甚至所有動物，都對

「性」相當重視。又或者對「性」的重視根本就是所有動物的本性，而人類即使是萬物之靈，也脫離不了「獸性」。

所以，如果塑化劑DEHP不會影響生殖，這種新聞大多數的人應該都只會看看而已，而不會造成如此的恐慌與廣泛熱烈的討論。

別告訴我你不會這樣，畢竟，你也是人吧。

3 由跨年活動談錯誤的親職觀念造成目中無人的天之驕子

某年，有補習班主任告訴我說補習班十二月三十一日要停課一天，當時我還不解地問：「十二月三十一日非假日，何必放假？要放假也是一月一日元旦再放假吧？」

「這也是不得已的事，」主任無奈地聳聳肩，「這幾年來，十二月三十一日晚上的課請假人數都超過三分之二，來上課的學生與老師也意興闌珊，所以我乾脆停課一天。」

「家長們會同意學生請假嗎？因爲參加跨年活動所以不上課？」生性拘僅的我居然還這樣子問。

「老師您不知道嗎？都是家長打電話請假的！因爲，是父母要帶著孩子去跨年！」

我的文章裡，不知道已經感慨了幾次世態的轉變。在我小時候，像跨年或出去玩等活動，都不是正事，如果與工作或上學上課之類的所謂「正事」牴觸，那麼要犧牲的，必定是玩樂的事，因此，在這種根深蒂固的觀念影響之下，現在的我即使工作超時，也不敢休息一下，心中總是有一股自認的「責任感」在鞭策。成爲父親之後，我也一直如此教育自己的孩子，希望他們能有責任感，要負責任，儘管孩子們心中頗有微詞。但是這幾年來，因爲家長的世代更替，觀念上的改變造成社會價值的劇烈變化，很多在以往覺得不可思議的怪事，現在卻變得理所當然、理直氣壯！

跨年活動，就是最可怕的一個例子！

女兒今早起床，跟我吵著不想去上學。她說，已經好幾天了，學校的同學都在談論著跨年的活動，老師在上課時也跟同學們聊了起來，而今天是今年的最後一天，用想像的就會知道今天學校的氣氛，必定人心瀰漫著浮動的感覺，實在無趣。不過說歸說，她畢竟是我的女兒，還是背起書包出門去做「正事」。這件事讓我對國家的未來相當憂心，台灣民眾的觀念，已經到了可以將玩樂擺第一的情況，而造成這種事情的元兇，正是家長所放任，甚至是家長自己主導的結果！曾幾何時，跨年活動成為全民運動，商人假借跨年名義進行他的行銷謀略，政府單位不察此類誘惑，居然還隨之起舞，不惜掏空公庫來宣傳主辦，這個時候，絕對沒有人想到災民、絕對沒有人想到經濟已經跌落谷底，反正先歡慶再說。我的學生陳聖琪在「台灣網路博覽會」的「學生創作文章」裡描述的「誘惑」中敘述：「誘惑，它看似美好，但卻隱藏著深不可測的危機，一步步將人們帶向毀滅！」讓我感到她似乎是這個世界中少數還清醒著的人了。

現在回想起來，整個社會想法的改變大概發生在民國七十年代，當時正就讀高中、大學的我，在報章電視媒體聽到許多「專家」大聲疾呼倡導親職教育的重要性：當時台灣的民眾，一天工作十小時以上、平均一週工作超過四十八小時，全國人民集體忙碌工作的結果，造就了所謂的台灣經濟奇蹟，卻也忽略了與孩子們的共同成長，產生許多問題青少年。所以，專家站出來，呼籲大家要重視家庭的親職觀念、多多呵護已日漸薄弱的親子關係。只是，大多數的家長不懂真正親職觀念的真諦，在我們這一輩也成為家長之後，辛勤工作的態度還在，但是對孩子的態度卻變成了溺愛，誤以為培養良好的親子關係，就是無條件地給孩子最好的、孩子想要什麼就給他什麼，於是，在行為態度上的放縱、在金錢供應無所節制的結果，造成了無數的小霸王、造成了看了每每令人搖頭、目中無人、以自我爲中心、不可一世卻一無所知的天之驕子。未來，當這群只知飯來張口衣來伸手的草莓族也會成爲新一代的家長。

想到這裡，就不禁令人打了寒顫。

記得小時候，學校的老師在上課時都會譏諷美國人不知禮節，對父母或師長都直呼名諱，當時的學生們也都感到不可思議，然而曾幾何時，卻有越來越多的學生，把我這位在年齡上與他父親相當的人，直呼我的名字。也許學生這樣子叫我是表示與我的親近，但生性古板的我卻感覺十分不是滋味，這應該是屬於家庭教育中應有的禮節教育，不是嗎？我認爲要培養親子關係，應該是家長多花時間去注意孩子、關心孩子、教育孩子，灌輸合理的道德觀念與正確的價值觀，這才是親職觀念的實在意義，而不是用金錢代替時間、用不知節制的迎合放縱溺愛代替關心。我一直在倡導家庭教育的觀念，實是因爲我們這一代的家長正處在扭轉國家社會前途的十字路口，如果沒有正確的親職觀念，眞的無法想像下一代的天之驕子，在若干年後成爲新的家長、新的社會中堅、新的國家領導人物時，世界會亂到甚麼景象！

最近幾年，在十二月三十一日晚上的課，我都會誇獎準時出席、沒有去參加跨年活動的學生，並且在這天都會教的特別賣力，讓他們覺得上課的價值遠大過於參加跨年，以鼓勵表揚他們正確的人生態度。中央氣象局說今年跨年夜天氣不好，坦白說，我衷心希望今晚會下大雨、氣溫降到10℃以下，讓一〇一大樓的煙火秀整個被大雨澆熄，看冷冰冰的冬雨是否會潑醒迷醉人們的心。在今年最後一天，這樣子說出心裡的話實在很煞風景，但就如同學生陳聖琪在上面所提到的同篇文章文末寫到：「誘惑，可泯滅人性、扭曲眞理，而我們應拿出自律、勇氣與正義，來擊敗這位邪惡的使者！」不知道有多少家長的想法與我相同，如果贊同我的人多於咒罵我的人，那麼，我對國家社會未來前途還是充滿信心的。

不過也許等一下這篇文章發表之後，我的耳朵又會開始癢了。

4 拜年

拜年，是華人在過年時的重要活動。

在過去資訊交通比較不發達的時代，交往關係也比較閉塞，所以，拜年是相當盛重的大事。關係比較一般的朋友，在歲末年初之時，我們通常會互相寄送耶誕卡或賀年卡，這件事曾讓當時的郵局忙壞了；而重要的親朋好友，親往登門拜年，那在過年時節是無法免俗的。首先，要準備禮物，然後排定日期，在舟車勞頓之後，終於到達至親或摯友家拜年。被拜訪的人家也會準備豐盛佳餚款待，在熱鬧的年節裡，有這樣子「走春」的對象，感覺才熱鬧、才像過年。

後來電話普及，除非是眞的至親摯友，否則，大多數人開始以電話拜年。現在網路便利與行動電話人手一機，大家已經相當熟悉利用這便捷的資訊科技，很難想像十幾二十年前，郵局還公開呼籲大家要盡量提早寄送賀年耶誕卡，相較於現今的冷清，實在感觸良多。儘管動機不變、關心不變、熱情也不變，以網路訊息或電話簡訊，就是少了一份感覺。更有甚者，許多人爲求便利，居然就以罐頭簡訊拜年，坦白說，收到這種訊息，我是一點回訊的動力都沒有，畢竟現在科技幫得已經夠多的了，你再多打幾個字、多寫幾句話，有這麼難嗎？

我是絕對不寄送罐頭訊息給朋友的，將心比心，實在無法想像、去接受朋友看見罐頭訊息時的那種不屑眼神與嗤之以鼻的態度，所以，即使簡化到傳手機LINE拜年，我都一定會打上對方稱呼，然後寫一些貼心祝福的話，因爲，這樣子才會讓親友有專屬的榮寵感。而我年紀畢竟大了，個性越來越龜毛，熟悉我的學生都知道，我有個過年拜年給紅包的習慣：如果大年初一當面遇見我的學生，當場獎賞尾數至少三個零的紅包；如果親自打電話向我拜年的，過年後第一次上課，我也會公開賞尾數兩個零的紅包。我認爲尊師重道是個美德，而因爲特別喜歡被祝福，所以二十幾年來收過我紅包的學生，大家都歡歡喜喜。有些學生會婉拒收我的紅包，因爲他們認爲跟我拜年是出自他們的眞誠心意，不過，我還是硬塞給他們，因爲，這也是我的心意。

這個拜年慣例也出了幾件有趣的事：許多學生有大將之風，打電話拜年鏗鏘有力稀鬆平常，感覺得出來平時的家庭教育就相當成功；而有些同學大概不擅與長輩說話，打電話給我的時候感覺相當緊張，結結巴巴地說不出幾句話，害我也跟著一起緊張起來，甚至還要引導他們說話，眞是好累；令人噴飯的是，有些學生只是衝著要拿紅包，打電話來直接就說：「老師，我是×××，我有打電話囉，記得給我紅包囉，掰掰！」一句祝福賀年的話都沒有，眞是讓我哭笑不得，你會不會問我給不給這種學生紅包呢？我是相當大方的啦，畢竟學生願意打電給我拜年，就是一件不容易的事，値得鼓勵。

新春開工，大家恭喜恭喜，敬祝各位家長與老師、好朋友們事業成功家庭美滿、各位同學學業精進成績一百分！

5 拿著雞毛當令箭

因爲疫情，看見中國城管對百姓作威作福的新聞，心裡面眞有一番感受。人，只要給了他權力，哪怕是芝麻綠豆官，都會以爲自己是天皇老子去欺壓平民弱者。在中國那種封建的集權國家發生這種事是可以理解的，但在民主開放的台灣，此類情事居然還屢見不鮮，這就令人無法接受。

母親因爲要健身，所以就每早至家裡附近的台北市某運動中心去游泳。游泳池規定，入內一定不能著拖鞋，但是，母親因爲患有退化性的足底筋膜炎，必須要穿著附有軟墊的鞋子，否則赤足踩在地上，會疼痛不堪，於是，她都會自備泳池專用的拖鞋，長久以來倒也沒事，直至約三個月前，來了一組新的管理人員，就展開了事件的序幕。

那天母親與往常一樣，到達運動中心後先換了衣服，並穿上了拖鞋準備進入泳池，沒想到被新來的管理人員攔下，對著我母親面無表情地說：「裡面不能穿拖鞋！」

母親嚇了一跳，回答那位管理員：「我的拖鞋是這裡泳池專用，並沒有踩過其他地方呀，這是乾淨的拖鞋。」

「規定就是不能穿拖鞋！」她還是面無表情。

「可是爲何裡面的救生員還有清潔人員都可以穿脫鞋呢？」

「那是因爲工作，長時間腳泡在水裡會受不了。」

「我的腳也是呀，踩在硬硬的地上會痛，所以才要穿軟拖鞋呀！」母親還是不死心爭取。

那位管理員大概認爲母親在無理取鬧，就不再理會她，撇下一句「反正規定就是不能在裡面穿拖鞋！」這句話之後，就坐回她的座位上做她的事。坦白說，管理人員執行規定也不是錯，母親沒轍，只好沒做運動就回家，可是心裡實在覺得不大舒服，於是就撥打台北市政府「1999」熱線，想請教有否解決方案可以特准。1999倒是很有效率，馬上給了該運動中心執行長的電話，經聯絡那位執行長，他很客氣地說只要檢附醫師證明，是可以特准在泳池穿拖鞋的。看起來事情獲得了解決，母親也很高興地至醫院申請了證明，並繼續到運動中心健身。

就這樣子平靜了三個月，沒想到，上星期四母親至泳池游泳，遇見同樣那位管理員，她居然對母親很不客氣地說：「三個月了，腳該好了吧，好了就不能再穿拖鞋喔！」

「我還在做治療耶。」母親莫名其妙。

「那你再開一張醫師證明來，並且每次來都要讓我檢查。」

每次都要檢查？滿腹委屈的母親，感覺受辱了，於是生氣大吼：「你這是對我的侮辱！你看不起老人嗎？你認爲我是個愛耍賴的老人嗎？」

「反正規定就是這樣。」

回到家之後，母親一見到我就對我訴苦，我聽著事情經過，聽著聽著，聽得我火氣都上來了。管理人員有那麼大的權力？可以自行規定每次來都要檢查醫師證明？這不是擺明刁難嗎？我代母親致電給那位執行長，他聽完了我的敘述，有點訝異地說：「我們的管理員眞的這樣子對令堂說話嗎？」

「你覺得我閒著沒事打電話跟你聊天嗎？誰無父母、誰無長輩？我母親是老化性的疾病，不是年輕人的運動傷害會那麼容易痊癒，要是你們管理員對老人家都是如此不尊重，我個人認爲他們不適任這項工作。」我頓了一下，話鋒一轉，「還是執行長是你下的命令說要每次檢查我母親的就醫證明？」

「沒有沒有，絕對沒有！只不過是一雙拖鞋，我絕不會下這種無聊的指令！」

是的，只不過是一雙拖鞋，那位管理人員就拿著雞毛當令箭找麻煩。沒錯，規定要執行，我們也有遵守的義務，但是身爲管理人員的你在執行時，態度是否可以和緩一點呢？特別是對長輩，大家都會老，不是嗎？管理人員其實執行的也是服務的工作，更況且上級已經下指令了，你還在找麻煩，這就有點過分了。

我是擔任過公職的人，所以懂得「小鬼難纏」的道理，不過，在這「公有民營」的運動中心裡還會發生這種官僚情事，那在一般政府機關普遍存在的衙門心態，就不必太過訝異了。希望有公職人員見此文，能有公僕之心，不要拿著雞毛當令箭，因爲你的薪水，是你服務的民眾納稅支付的。

6 連鎖信

第一次收到連鎖信，記得是在國二的時候。

那天，收到一封沒有署名、也沒有寫發信地址的信。完全是手寫，信的題目就叫做「幸運信」，內容是說收到這封信的人，必須在三日內把這封信照抄十遍、並轉給另外十個人，之後就會有好運降臨，但如果不照做，厄運就會纏身，而且爲了加強信服力，還講了許多實例等等，看起來很像是有那麼一回事。自小被教育無神論者的我，自然不迷信這種無聊的遊戲，但當時年僅國二，小小心靈難免會有點小擔心，於是，就拿這封信去請教爸媽該如何處理。由爸媽嗤之以鼻的態度，我更確定我的想法是沒有錯的，所以，就置之不理，而印象中，好像也沒發生過什麼壞事。

這種連鎖信頗具恐嚇力，眞的很佩服這位創始者，有辦法煽起這種社會運動。你要轉十封信，手寫至少要花掉四、五個小時，再加上郵資，眞是成本高昂。有位朋友曾告訴我，他第一次收到這種信之後，花了很多時間與氣力，很認眞地轉了十封出去，就在還來不及鬆一口氣之餘，居然馬上又收到一封相同的連鎖信，讓他差一點暈倒。其實仔細分析，就知道這種信只不過是無聊的惡作劇，破綻就在它的舉例：某某人照轉，一週內就中樂透、得獎金，而某某某沒有轉信，三日內就車禍死亡或破產。如果這連鎖信都是原始照轉，又怎麼會知道誰有福或誰有禍呢？難道寫信的人還會調查過之前有誰如何如何了嗎？有趣的是，迷信且盲目的人眞的好多，之後幾年，我陸續還收過這種信件大概有四、五次之譜，似乎是眞的很麻煩，到最後收到這種信，內容居然都是影印，感覺也已經失去說服力了，而收到信的我，更是直接把信丟到紙類回收，連看都懶得再看一眼。

我曾經研究過，發明這種信件的人，除了無聊之外，到底還能得到哪些好處？我的推論是：也許是哪個郵局為了增加郵票收入，所搞出來的整人把戲！時代變遷讓郵政式微，現在的人已經很少提筆寫信了，因為電腦網路的便捷與實用性，遠遠超過郵局，而我的年紀也可能太老了，所以已經幾十年沒有收過這種無聊的信件。本來早已變成我記憶中趣事一件的無聊事，居然發現在最近在網路死灰復燃。我的一位學生在網路上貼文，說他的EMAIL收到這種連鎖信，讓他好害怕，信的內容簡單敘述是這樣子的：

「不要在Google搜索楊怡，你們可知道楊怡的意思是什麼嗎？於一九四五年，一位中國藉女子楊怡，乘坐一艘灰色小船由中國內地漂遊到香港，一位神祕男人殺死了她，而且在背脊割了『楊怡』幾個字。一星期後，這消息傳到tvb.com。現在，你已看完這篇訊息，她會在一星期後飄到家中奪取你最重要的家人性命。解咒方法只有完成以下指示：將此訊息貼在其他三個群組留言。很多人為了解咒，也服從信息貼這文章到其他三個留言板上的回應。據一名香港女大學生看完這篇訊息後，以為只是一般的連鎖信，沒有理會，第二天便被倒塌的百歲樹王壓死了。這絕對不是無聊的信息，這是千眞萬確的事。」

我看了之後，不禁噗嗤地笑了出來，原來連鎖信也可以進化到這種程度。我跟那位學生說不必去理會，但那位學生說他的心理壓力好大。大家千萬不要以為我這學生是位無知的小孩，其實他還是某明星高中直升班的高材生呢！連他都感受到如此強大的心理壓力，更何況是一般人。現在的連鎖信，沒有像郵寄或手寫的如此麻煩，網路的便捷，讓這類的訊息內容散布得更快速。之前我認為這類連鎖信是郵局為了增加郵票收入所搞出來的伎倆，但現在呢？難道只是為了癱瘓網路伺服器？

連鎖信可以被如此輕易散布，足以證明人類的心靈脆弱。身為老師，只能勸學生不必理會這類無聊的信件，而這類的連鎖信未來會進化到什麼程度，沒人會知道，但如果人們不能成為堅強智者，肯定的是，在網路時代下，這種遊戲一定會在網路上無止無休地被繼續玩下去！

7 寧做真自己，不做假別人

每天早上開車送孩子上學的路程中，我習慣收聽警廣台北台的廣播。今天一打開車上收音機，就聽見已故的美聲天后Whitney Huston唱的Saving All My Love For You這首歌，心裡又是一陣舒坦。主持人常常喜歡在早晨的這段時間播放這首歌，我也不只一次聽見，而每次也都讓我相當陶醉，讓我一天的心情都會好得不得了，甚至有時還無謂地擔心：「一大早就聽見這麼好聽的歌聲，今天剩下的時間怎麼還能接受其他的聲音呢？」

聽著聽著，我也跟著哼了起來，但不知道爲何，今天聽起來卻覺得怪怪的，感覺上好像沒那麼好聽了，「難道是受到她上次倒嗓事件的負面感覺嗎？」我心裡面不禁嘀咕了起來。原來，她之前在澳洲開演唱會，由於倒嗓高音飆不上去，被樂迷譏諷形容爲「連我家的死老鼠都不願意聽」，這件新聞給我的感觸很深，因爲愛唱歌的自己，聲音也因爲上課過多而倒嗓，所以對她有點「惺惺相惜」的同理心般地同情。之前的每次在廣播中聽見Whitney唱歌，總是無比的陶醉，但今天就是越聽越不對：不但感覺不對，聲音細緻的地方不細緻、渾厚的地方不渾厚，甚至連音準都有點問題。「這歌是她倒嗓期間的最近重新灌錄的嗎？還是她以前就有這些缺點，只是因爲既定好印象的關係、所以產生心態上的刻意忽略？難道眞的是她倒嗓事件，讓我重新審視她的唱功？」

因爲與期待有點落差，居然讓我難過起來。本來一開始聽見這首歌時，心情是相當雀躍的，可是卻越聽越不舒服、越聽越難過，「Whitney完了，她眞的不怎麼樣。」終於歌曲播放完畢，沒想到，電台主持人的一句話終於解開了我心中的疑惑：「剛剛播放的是林×群所唱的……!」喔，原來如此！

林×群是數年前綜藝界力捧的歌手，他的成名就是唱Whitney的I Will Always Love You而走紅，可以說他的音質與Whitney是相當相像的。聽過許多他所唱的歌，我不否認唱得的確不錯，但被大家說捧成這個樣子，就有點言過其實了。坦白說，他的聲音有點濁，音高也不是那麼地準，我已經不只一次對周遭的人說過、對他的走紅感到表示不解，眞的有那麼棒嗎？甚至還有某位音樂「老師」居然還評論說應該讓他走入國際才不會埋沒人才？今天，我在不知情的情況下，重新檢視林×群的歌藝，如果要我評分，我給的分數是：如果Whitney是一百分，那他頂多就是七十分。

眞的假不了、假的眞不了！林×群的專輯出版，爲了上市後搏好評熱銷，想必在錄製過程已經過相當的修飾與美化，可是還是讓我聽出了大差距，這就證明了他的走紅是三分實力、七分是靠行銷力捧而形成的，由此可見廣告的大力量！群衆是盲目的，你說、我說、大家都這麼說，就會形成一股流行的趨勢，如果大家都這麼認爲，那似乎就是對的，但很少人會去追究過這種說法形成的原因。我認爲如果人云亦云，那就是所謂的盲從，但社會上的多數人卻都是這樣：幾年前大家瘋蛋塔、甜甜圈，有心人拼命開店賣、每家店的隊都排得好長，但今天呢？所有店幾乎都倒光了；聽說當名模或藝人錢很好賺，然後模特兒訓練班或星光大道的節目都做得好熱鬧，結果，除了鬧出「陪睡事件」，眞正紅的又有幾人？因爲日本福島輻射事件影響，中國人不分青紅皀白地卯起來瘋買鹽、台灣人居然就跟著狂買……。就是利用大家盲從心態，所以「置入性行銷」的手法，在當今社會才會如此地常見與猖獗，很多人雖已了解這種操作手法的黑暗面，卻也與我一樣對這種力量抱有崇拜性的無限恐懼。

其實，我會聽出林×群歌的瑕疵，是因爲他都唱那些經典的高難度名歌，我們其實是很容易拿他來與原唱互相做比較的。原唱能走紅國際那麼長久的時間，實力絕對是不容否定，你一位新人就要有原唱的水準，這根本是幾乎不可能的事。既然要馬上跟上水準，那些所謂「星光幫」的參賽者，幾乎都很認眞地對原唱做模仿，模仿地越好的分數越高、也越容易受評審青睞，但我卻認爲他們只學到皮毛、卻學不到內涵精神。他的歌聲其實不差，即使是聲音有點濁也是特色，爲何就不能以自己的風格或自己的原音去唱、去詮釋Saving All My Love For You這首歌呢？唯有忘了Whitney的唱腔，才有眞正的林×群特色呀！這是我一直認爲相當可惜的事。就如同我對我團隊的培訓老師做訓練時，也一直提醒著他們不要完全仿效我上課的特色與風格，因爲每位老師都有自己的特色，你要了解自己的特色，才能有眞自己、未來才有自己的一片天，否則即使教得再好，充其量你只不過是別人的一個影子而已，黑黑的影子雖然外型與本尊相像，但絕對沒有本尊的耀眼色彩。

寧做眞自己，不做假別人，因爲「眞的假不了、假的眞不了！」

8 談「校園霸凌」這種「小事情」

霸凌話題延燒校園，已喚起大家對事情的重視，甚至教育部長還到國中校園去演說，嚴重可見一斑。然而，新聞媒體爲求收視話題，刻意炒大，將定義擴大爲舉凡校園學生間的暴力行爲就是霸凌，這就讓我有點啼笑皆非。

我想先爲大家定義一下「校園霸凌」。所謂「霸凌」，就是指紛爭雙方有明顯的年齡、體格、能力等優劣差距，而且是優勢者凌辱弱勢者，甚至被霸凌者受欺侮之後還不敢聲張，原因是怕被更嚴厲報復。霸凌不是只有會發生在學校，在家庭中常也會出現霸凌，比如說父欺母、父欺子女、兄長欺負弟妹等也算是霸凌。而校園學生紛爭中，如果只是同學一時失和雙方爭吵，甚至打架，那並不算是霸凌，比如說某安姓藝人，趁此話題也跳出來說她小時候被霸凌的經過：有次她被同學踢一腳，隔天父親出面後罵了那位踢他的同學，那位同學就嚇到了等等……，這就不屬於霸凌。

大家都知道，霸凌普遍存在在國中校園或國小高年級，國小中低年級與高中就比較少見，大學就幾乎沒聽過，但大家有思考過爲何如此嗎？原因是因爲國小中低年級的學生天眞無邪、高中大學生心智已較成熟，所以比較不會藉霸凌方式解決事端。國中生正値最爲衝突的青春期，能力不夠、心思卻越見細密，爲展現自己卓越能力，通常就會藉欺壓弱小的方式來表現，而有時候因爲同儕壓力，造成群體效應，那就更可怕了。由於施加霸凌者通常只是一時迷惑，成年之後回憶往事通常都會後悔，所以，在事情發生時，師長父母正確介入干預避免遺憾，就是一件非常重要的事。我還記得就讀國中時，自己也曾無端欺負一些比較弱勢的同學，現在想想，著實後悔不已。

發生霸凌的原因很多，輕微的，可能是因爲開小玩笑造成的，這類案件最爲多見，通常施加霸凌者本身並不是屬於惡性重大的壞分子，他對弱小施加霸凌有時只是基於戲謔式玩笑般的惡作劇，因爲年紀輕不懂節制、玩笑開得過分了，就會對被霸凌者造成傷害，如同我從前不懂事的行爲就屬於此類。這類事件，只要師長提高警覺，就可以防範而加以阻止，通常對施加霸凌者曉以大義之後，他們都會誠心悔悟，並且會化干戈爲玉帛、化暴戾爲祥和，對被霸凌者也是一件好事。但如果是黑暗勢力的集體行爲，甚至是校外勢力介入，那就不是學校老師所能阻止的，這類案件就比較重大，一定要靠治安機關全力消弭，否則輕則造成校園風紀敗壞，重則造成社會動盪、動搖國本。

霸凌最可怕的，莫過於造成受霸凌者身體與心理的傷害，如果危及生命，那就無法挽回，所以不論是老師與家長，都應對這類事情審愼處理。面對這類事情，首先應弄清楚這是否是學生間單純紛爭、抑或是屬霸凌，如果只是一般紛爭，那就施以普通開導處理即可，沒必要把事情擴大，以免造成紛爭兩造無謂的心理芥蒂；但如果是霸凌事件，那就應該視情節嚴詞告誡施加霸凌者、並擬定保護被霸凌者的策略，以阻止進一步造成的傷害。最可悲的是，如果被霸凌者沒有受到妥善照顧，自己去尋求另一個不良集團的保護，甚至再反霸凌加害原霸凌者，從此進入黑暗不歸路，不但可能斷送孩子的寶貴前途、造成社會損失，未來如果還發生了更大的社會治安案件，那就相當驚悚了。

學校是教育機構，校園中發生霸凌，這是切切不可容許的！許多事件內幕我不清楚，但我知道，全國有大部分的學校都存在這種事實，只是有否搬上檯面而已。這種「小事」，已足以撼動所有具有良知學生、家長與教師。學生因爲害怕霸凌而害怕上學；家長因爲擔心孩子受到霸凌，無心於工作；老師害怕霸凌事件處理不當，惹禍上身……。整個學校人心惶惶、並造成社會不安，這已經不是小事，這是造成國家社會動盪的大事！落實法治教育是最重要的方法，我們必須要教育下一代法治觀念，闡明唾棄暴力、法治理性，才是解決事端的不二法門。如果大家都倚強欺弱、遇事則暴力相向，甚至以黑道相脅，那政府還有存在的意義嗎？正所謂政府施政之首要在民生，而民生之首要，即爲治安！霸凌事件正是所有治安事件的源頭之一，從政者不得不愼。

所以，我們當然不需要隨新聞媒體炒作誇大的霸凌話題，但如果這個話題可以喚起大衆對霸凌事件的重視，這倒是我個人所樂見。

五、職業生活道

1 人心

這篇文章的一開始，實在不知道該下什麼題目。

某年八月底，有位國三的同學自我的部落格找到了我，她說她的程度很差，想找我從頭開始學習，並希望補習班有個別輔導制度。依照她的需求，我建議她到我的補習班來上課，畢竟，自己的補習班是依照我的理想所構築的教學基地，只不過她住士林，距離補習班的所在地三重有點距離，所以，當時的我只是建議，並沒有特別奢望她能來上課。

可是沒想到，她眞的來了。

從網路上得知我教學訊息的家長與同學爲數衆多，她只不過是其中一位。我通常都會建議來詢問的家長或同學，到我比較靠近他們的居住地點的教學點上課，只是，自從我原本在士林的據點結束營業後，我就沒有在士林上課，所以才會建議這位同學到三重的補習班。

九月初的某一天，她與一位好同學相偕作伴，一起來試讀我的課。第一次到我補習班，計算路程，單程約花三十分鐘，在交通擁擠的大台北地區其實還好。她在試讀之後，當然與同學立刻就決定要報名，不過當時並沒有帶錢，於是向班主任表明希望能在下次繳費。在上課時，我也趁機觀察了這兩位同學，發現她們上課認眞，雖然程度略差，但依我的經驗，這種認眞的學生，到最後成績一定會有起色，所以，即使沒有錢可以當場繳費，在愛才的心理下，就答應讓她們帶走我的正版講義，希望她們能及時研讀，趕快進入狀況。兩位同學當時都很高興，並承諾一定會好好用功。

之後的幾個星期，這兩位同學都相當乖巧，準時出席上課，上課也都很認眞，有問題也會發問。坦白說，我對這兩位學生的求學態度相當滿意，正因爲她們自士林遠道而來，所以，對她們的狀況，我非常的注意，希望她們在成績上會有相當迅速的進步，才不會辜負她們對我的支持。而也自她們的口中得知，她們在學校的理化成績進步神速，非常有自信可以在明年五月國中大考之前迎頭趕上。

在看似平靜的狀況下，與她一起來的那位同學，在第二次來上課時就繳交了月費，而她卻遲遲沒有繳費。補習班的班主任曾數次以電話與她的父母聯絡過，她的父母也允諾繳費，並表示願意到補習班參觀，了解女兒的學習環境。但到了十月初，這兩位同學，忽然缺席了。

經班主任聯繫得知，她父母認爲女兒每次到補習班上課，路途實在太過遙遠，相當浪費時間，所以反對她繼續上課、決定終止她的學習；而她同學也因爲她不能繼續上課，所以也決定不上。路程遙遠，在我的看法裡也的確如此，雖然捨不得這兩位好學生，但是也只能予以祝福。只是，她還欠繳學費，在補習班經營的立場，當然必須向她的父母催費。

問題開始了。依補習班的收費制度，是以月費爲計算單位，然後加上講義費。這位同學的父母本來欣然允諾到班繳費，但卻遲遲不見芳蹤。經補習班之後續以電話催繳，她的父母態度開始轉變，認爲她的女兒只上過三次課，再加上第一次爲試聽課不應計費，所以只願意繳交兩次的上課費用。但補習班方面當然不同意，除了家教有按次收費的案例之外，全國的補習班應該都沒有按次收費的情形，且補習班爲政府立案的合法補習班，所以制度都是依照政府規定，沒有不合理的地方。在雙方認知沒有交集的情形下，她的父親居然還揚言，要向消保官與消基會檢舉補習班收費不合理。

班主任將這件事情向我回報，想與我討論如何收回這筆應收的帳款。經我分析，其實補習班要收的月費只是區區的兩三千元，與她父母認知的二次上課學費，差價不到一千元，她的父母這麼計較這筆小錢，甚至揚言不惜對簿公堂，想必他們家的經濟一定有不爲人知的辛苦處，而她們不願意再繼續補習的原因，應該就是因爲經濟問題，所謂的路程遙遠，應該只是托辭。所以，我就告訴班主任，這筆帳，就不需要再去催收了！儘管班主任認爲這有失使用者付費與公平正義的原則，但我認爲，補習班在原來成立的時候，就有針對成績優秀的清寒學生可以免費就讀的宗旨，雖然不知道他們是否是屬於清寒家庭，但從他們的態度看來，應該不是很寬裕。

儘管班主任持不同見解，認爲對方如果發現補習班不催費了，一定會想說是因爲他們對補習班提出向消保官檢舉的恫嚇產生效果，此風不可長。但是，我仍舊堅持不需要再去催繳費用，講義送給她也沒關係，畢竟，人在做天在看，他們怎麼想不重要，只希望這位同學能利用在補習班短短的三次上課與我的講義，對她的學業有幫助，未來，如果能對社會國家做一點貢獻，這樣子就很值得了。班主任帶班理念本來就與我相同，對這件事的看法只是有點小不平，在被我的想法所感動後，欣然同意了我的決定。

感覺上，這件事只是補習班在經營上的一點小小瑣事，我卻有感而發，這當然是有原因的。我是眞的對這位好學的同學覺得可惜，本來，想親自與她聯繫，告訴她即使沒有來上課，也可以透過網路，甚至到我各上課據點來發問問題，因爲我眞的覺得，這位同學是一位成績絕對可以拉拔上來的好學生。只是，恐怕我如此做，她，甚至是她的父母得知之後必定認爲，這一定又是補習班拉攏學生的暗黑做法，對我嗤之以鼻。我沒有那麼崇高的人格不去計較這個想法，所以並沒有與她連絡，只是心裡可惜了這麼好的學生。

寫到這裡，我還是不知道該爲這篇文章定什麼題目。

2 小大人與老小孩

前幾天至某補習班下課之後，發現辦公室中放著一大束鮮花還有蛋糕，這幅情景任誰都會眼睛一亮。因爲該補習班的班主任即將結婚，我打趣問她：「老公送的呀？婚前還這麼羅曼蒂克？」

班主任笑翻了說：「這不是我的花，這是國一有位女同學生日，她男朋友送給她的。」

「男朋友？大手筆耶。」我看那束花加上蛋糕，少說一兩千塊跑不掉。

「是呀，她男朋友與她同班，他們兩位現在同時在教室裡上數學課呢。」主任捉狹地說：「上次那位女孩子喊著沒有筆可以寫字，男生居然就送她一支萬寶龍名筆，好闊氣！」

因爲要趕下一個補習班的課，所以也沒多停留，就大笑著搖搖頭離開，心裡面還在想著這對「金童玉女」長得什麼模樣。我的疑問沒有多久就解開了，就在隔兩天，我到同一家補習班上課，就遇見他們。

「就是他們！」主任一見到我，就馬上使眼色給我。

我的天，看見他們之後，我心中直呼不可思議！現在小孩子發育得很好，女主角果然亭亭玉立沒話說，但那位男生，雖說也眉清目秀，但身高大概才一百五十左右，根本還沒發育、相當稚嫩，看起來還是個小孩子。我相當好奇，就笑著過去問那位男同學：「你現在就玩這麼大，那以後你還有招數嗎？」

「喔，老師您說我送花送蛋糕喔？」這時候他居然有點靦腆，與他的大膽作風有點不同。

「嗯，不然呢？那些禮物少說也要好幾千塊吧？」我打破砂鍋。

「那是我爸自己要去買、自己出的錢啦……。」

「啊？你爸？」我又震撼了一次。

「是呀，老師……」在旁邊的主任接話說：「他們兩邊的家長都見過面了呢，也都同意他們交往。」

同意他們交往？我的天！現在社會開放成這個樣子了嗎？小孩子情竇初開，純純之愛也就算了，而家長居然還跟著敲邊鼓、而且還是雙方家長呢，這就讓我感覺有一點匪夷所思了。

是我太古板嗎？家裡也有一對唸高中的兒女，長相不差，自然也有一些小男生小女生對我的孩子們表示好感。保守的老婆是抱著完全禁止的態度，認爲至少要上大學才可以正式有男女之間的交往，而我還認爲自己相當開明，畢竟身體裡面的荷爾蒙作祟，一昧地禁止也不是辦法，所以只對孩子們三令五申說要注意「安全」或至少帶回家讓我認識一下以便監控，但雙方家長見面？對我而言，這是絕對做不到的事。坦白說，學生中小小年紀就談戀愛的不是少數，但還有家長在孩子這個年紀，就大力支持並投入大量金錢奧援的，我還眞的沒見過。

對方沒有筆可以寫就送萬寶龍，那嫌公車擠是不是就要送賓士？雖說不是很確定事情是否如我表面所見，但就我觀點，生日公開送蛋糕送鮮花送到補習班，這分明是一種宣示及炫耀，如果是孩子花自己的零用錢去做這件事，這就沒啥大不了，可是家長主動幫孩子付錢，甚至爲孩子安排兩人未成年交往的種種大小事，那就做太多也爲時太早。我一直認爲教育是要讓孩子進入社會、熟悉社會、適應社會，進而能貢獻社會，如果父母什麼都幫孩子做得好好的，那孩子就沒機會接受實戰體驗。即使沒有像這件事這麼誇張，但我相信現在父母大多都這樣子吧，爲孩子做太多的結果，孩子成熟的就越慢、成熟度就越低。我常擔心自己也變成這種父母，但是現在看起來，我是「比下有餘」。

大家常常笑說有些孩子的表現像「小大人」，現在我認爲，這群「小大人」是我們這一輩的「老小孩」慣寵出來的。畢竟做父母的如果自己不成熟，又怎麼教育出成熟的好孩子呢？

呵呵，當用手指著別人時，別忘了有另外四支手指頭正指著自己。爸媽常說我太放縱孩子了，所以，也許在上一輩的眼中，我也正是「老小孩」俱樂部會員。

3 干你屁事

先說聲對不起，我不是故意說如此不文雅的話，況且在這個清新健康的道場用書。事實上，當我寫這篇文章時，是相當痛心與憂心的。

事情發生在某家補習班上課時，而由於就要段考，所以課程就是段考複習。我將重要題型與題目詳列出來講解，希望所有同學都可以學習無障礙、無死角地作地毯式練習。習慣與學生互動的我，在講完每一題之後，都會詢問同學是否有問題，但我的做法與其他老師不一樣：一般的老師只會問全班「有沒有問題」，而我則是針對「重點人物」詢問。這一次，我問了一位女同學有沒有問題時，沒想到她回答我一句相當勁爆的話：「干你屁事！」

「干你屁事！」沒想到這位女同學會說出這句話！我愣住了，而且我知道我的臉色必定漲紅而發青。大多數長眼的同學發現我的臉色相當不好看，都一臉驚恐屏息地看我的反應，而少數沒有進入狀況的學生，因爲這位女同學的回答而發出爆笑聲，但一下子就發現情況不對，噤住了口，頓時全班鴉雀無聲。

我凝視了這位女同學，我發覺她在笑，而且一點都不邪惡，甚至令人覺得相當天眞可愛。我想，如果沒發生剛剛的事，這種笑容還眞是令人喜歡，但是以現在這個狀況，這笑就顯得有點令人玩味。坦白說，如果在十幾年前的我還血氣方剛，恐怕麥克風就直接飛過去了，又或者在前些年，我也必定會十分憤怒地立刻將她趕出教室，可是現在，我卻在盛怒下玩味她笑容。我的教學經驗告訴我：沒錯！這位學生——她恐怕不知道自己已經說錯話，她在跟我開玩笑，事實上她根本沒有惡意！

在這種情況下，如果我怒氣發作罵了她或做出火爆的行爲，恐怕她會覺得莫名，事後也會埋怨，因爲她根本不知道自己已經做錯，況且她只是一位十四歲的孩子，我的年齡是她的三倍多，又何必與她計較呢？想到這裡，我收起怒氣，深深吸了一口氣，用微微顫抖的聲音繼續上課，整堂課我不再詢問、也不與學生互動，就是逕自埋頭講課，想以這種沉默的方式來表達心中的忿怒，學生當然可以感受得到氣氛不對，之後的一個小時，全班安靜悶到極點。好不容易到下課時間，我一點也不留戀地走出教室。在出教室門前、經過另一位學生的身旁，她小聲對我說：「老師，你很生氣喔？不要理她啦。」我很不自然地對她笑了一下。畢竟當老師已經二十多年，無論是誰都對我禮遇三分，之前還有學生形容我「高貴」，但今天居然無端被學生勁嗆，當然非常不是滋味。然而，有白目的學生，也會有貼心的學生，聽了這位同學的安慰，心中多少釋懷了一點。

這幾天一直思考這件事，也與幾位老師分享心得。所有老師聽見這件事都無法置信，個性比較衝的老師都說一定會丟板擦罵人趕她出去、脾氣比較好的老師則是說乾脆笑笑不教走出教室，但不論是誰，似乎都嚥不下這口氣。其實，我不覺得我的處理有多麼高尚，而且還很鄉愿，即使我不與她計較，但是這位同學卻不知道自己已經做錯事，未來在人生道路上，一定會吃大虧，身爲老師的我，難道不應該適時機會教育嗎？但當時我的確也在氣頭上，不是聖人的我，指正她的做法也許會帶點意氣，結果可能會更糟，而我也只不過是位補習班的科任老師，教好課程內容盡到責任就好，其實是不必管太多的。

對於家庭教育的重要性，在這裡，已經談論不止一次。說不想管，但還是想把這件事寫出來與大家分享。我相信這位同學白目行爲絕對不是第一次，但她在家庭、學校，一定都沒有人給她適時指正，以致於讓她一錯再錯。現在孩子生得少、每位孩子都是父母的寶貝，太多的物質溺愛、故意的視而不見，於是造就了許多不可一世的天之驕子，學校老師怕因爲多管閒事而惹禍上身，大多也睜一隻眼閉一隻眼。在這些孩子的心中，衆人是繞著自己爲中心而活的，他們又怎麼會去注意別人的感受呢？不懂去維護別人，相同的也不會保護自己，有一天吃大虧了，父母於是哀天呼地罵他人的種種不是，這種情況就顯得格外諷刺，因爲，他們從未想過，其實始作俑者的，就是自己！像之前某個藝人的兒子參與暴力討債被逮，居然還把責任推給別人說：「我兒子本性不壞，他只是交到了壞朋友被拖累的！」天呀，難道你的孩子不是人家的「壞朋友」嗎？他沒有拖累別人嗎？其實，我每次遇見比較沒有教養的孩子，都會想知道他的父母是什麼模樣。

所以，在此敬告各位父母，你們的孩子只有區區一兩個，不要把教育的責任推給學校老師，因爲，你如果沒把孩子教好，未來可怕而慘痛的結果，絕對「干你的事」！

4 可愛的草莓族

大家普遍稱做「草莓族」的七年級生，近幾年來，已經陸陸續續釋放至職場來了。不同於其他輩份的「學長姐」，這些草莓族的處事觀念，有時候還讓人覺得相當「天眞可愛」。

最讓我稱道的就是他們的「本位主義」。他們的想法是一切的標準，與他們想法不一樣的就是屬於「機車」，不管你是屬於朋友還是父母，甚至是老闆，他們根本不當一回事，朋友與父母如果與他們意見不同，管你感情有多好，一律就直接翻臉，而如果是老闆與你看法不同，輕則就擺張臭臉，不然就不管三七二十一直接辭職、有時候還呼朋引伴集體離職給老闆好看。朋友經營的一家頗具規模的補習班，暑假時明明規定下午一點上班，有員工說她一定要睡午覺，所以最快只能三點鐘到班，但是任課老師自兩點鐘就開始上課了，可憐的班主任還得代理她、親自控班點名。這位白目的幹部，發現班主任做的事跟她「差不多」，完全沒有想過是因爲她的怠職讓班主任忙不過來，居然還計較她的薪水少班主任一半，與老闆抗議無效之後，就邀集其他同樣白目的死黨同事一起離職。

另一家補習班的事情就更有趣了。有一位年輕的任課老師（當然也是七年級），因爲要與朋友出國度假，所以要請假四天。她算是負責任的了，因爲她跟補習班說，在她請假的時間，她可以找她的好朋友來代課，絕不會給補習班帶來困擾。其實她不知道，任課老師只要請假，就已經帶給補習班困擾了，像我們這種「資深敬業」的好老師，根本不敢把假期排在有課的時候，甚至身體不舒服，都是勉強著自己硬著頭皮上台。言歸正傳，補習班是同意她的請假，只是希望代課老師能先到補習班來面談一下，原則上，補習班還是保留任用權。沒想到距離請假的時間越來越近，卻一直不見那位代課老師過來面談，班主任覺得奇怪，就詢問那位任課老師說怎麼不見那位代課老師來班相見，沒想到那位任課老師居然回答：「喔？還要看一下喔？她只不過是代課，應該不需要像實際『應徵』那麼麻煩吧？我推薦的一定沒問題！而且她不會因爲只是代課就不負責任的。」天呀？眞搞不清楚補習班是她開的還是誰開的，連任課老師都有人事任用決策權？班主任還是按耐住性子，堅決要求代課老師需事先見上一面，沒想到她又回答：「有啊，我說過她很負責任的，因爲她上次曾專程過來一趟確認過地點，只不過她認爲沒有進來見面的必要。」那位班主任聽完氣道：「我已經有另外代課人選，不但你朋友不必來，你休假完也不必再來了！」

我想，那位班主任一定會被傳得很難聽，因爲她很「機車」。說到機車，我也不遑多讓，畢竟是已經上了年紀的老頭子，難免在一些小方面會比較計較。教學團隊中的成員大多都是主動要求加入，並且絕大多數是七年級生，加入的條件並不是要求外表如何、是否有經驗、更不是相關學歷，而是誠信道德。在團隊受訓，除了應盡的義務，事實上是不需要繳交學費的，而要求加入團隊受訓的成員，在面談時，我會詢問三個題目，其中兩題是屬於學識性的題目，每題各占比重15%，而第三題的分數比重高達70%，如果答錯，你的加入申請就會被拒絕。題目是：「你加入團隊之後，需要接受團隊指揮調度三年時間，不得異議！你是否可以接受？」許多急功近利的草莓，聽見要被綁三年，就會打退堂鼓，甚至還會討價還價說可不可以只限制一年就好。各位試想：一位優質師資培養就不只一至二年，我對你是免費培訓，非親非故，如果一年培訓完就讓你自由，我不是慈善家就是傻蛋。其實希望加入團隊培訓的老師，無非就是希望能早早登入名師之殿堂，但急功近利的草莓本性，只希望輕鬆達成目的，應下的苦功全部放一邊，最好輕輕鬆鬆明天就可以月入數十萬！道不同不相爲謀，偏偏我所注重的就是一些小細節，認爲成功絕無捷徑。話說回來，目前團隊中有十五位團隊老師，大家相處和樂，受訓愉快，生活也無虞，大家目標就是往名師地位邁進而有志一同，誰會把三年的綁約放在心上！

誰沒年輕過？誰沒可愛過？記得我剛出道在某大補習班，就曾經穿內衣吊嘎上台上課，被當時班主任酸了一下，那時心裡很不是滋味，認爲自己上課上得很好，穿啥上課哪重要？現在回頭來看這件事，眞是感覺有夠丟臉的，也許在他們這些老前輩的眼中，我們當時也是一堆「草莓」。

【後記】

這篇文章完成於二〇一一年，目前團隊成員已高達一百四十人。現在，七年級生早就成爲新一代的社會中堅。而現在不知道叫什麼族的九年級生也陸陸續續出社會了，不知道各位老闆有什麼感覺呢？

5 可憐難為天下父母心

即使是大牌的任課老師，原本只要負責上課就好，可是有時候總會接到補習班方或是家長奇怪的請託，而只要是我能力範圍內，我都會盡力爲他們解決，畢竟能者多勞。

有次在某補習班，有一位學生的媽媽特意等我下課時找我談話。原來，學生與家長之間發生了很大的衝突，在雙方僵持並鬧得難分難解的情況下，想起兒子常在家裡提到我，簡直把我當成偶像，所以，她認爲如果找我出面，也許可以順利解決問題，所以懇求我爲他們排解。

我皺了一下眉頭，雖說清官難斷家務事，但看見她滿臉的愁容，想到自己也有兩位正值青春期的孩子，同理心於是升起，就暫且聽她訴說事情的原委。事情就發生在前幾天，段考成績公布，小朋友的成績並不理想，嚴格的父親不停地數落責罵，後來越說越生氣，加上小朋友也不甘示弱地不斷回嘴，在一時激動下，就把手上的成績單往孩子的臉上甩去，沒想到，小朋友居然一下子就搶過成績單，揉成一團，並直接丟在他父親臉上，爸爸跳起來，重重打了兒子一記耳光，而站起來比父親還高半個頭的兒子，居然直接往爸爸的肚子上踹上一腳，也不管跌坐在地上痛苦呻吟的親爸爸，頭也不回地跑回房間，用力摔上房門。

睜大眼的我，有點不敢置信這種全武行的暴力情節，居然會發生在我學生的家庭裡。據這位同學的母親說，原本兒子與爸爸的感情相當好，既像父子又像朋友，但這件事發生之後，已經快一星期了，兩個人就如同陌生人般，都把對方當成空氣視而不見，讓做母親的她看了好心痛。其實，這位同學原本就與我相當投緣，平常表現也不錯，想了一會兒之後，就答應幫他們調解一下，但不敢保證結果會如何。學生母親聽了滿心歡喜，一直道謝。於是，就在下次上課的中堂休息，我找了這位同學，私底下聊一下。

「怎麼，跟爸爸打架呀？」我笑著說，希望氣氛輕鬆點。

「靠，老師，你怎麼知道？」他似乎嚇一跳。

「我未卜先知呀，」我還是堆著笑臉，「你怎麼可以打爸爸呢？這樣子不好喔。」

「×！誰叫他機車一直罵我，考試考不好我又願意喔，心情就已經很差了還唸唸唸。」

「小孩子被父母罵是天經地義呀，他們生你養你給你吃給你穿給你住給你用，被他們罵一下又不會痛。」

「我不爽呀！生來給他們罵的喔！以為他是律師會賺錢就很了不起。」

「你爸爸眞的很了不起呀。」我看著臉上還有稚氣、個子卻比我高的學生，心中眞是替他父母感到無奈，也絞盡腦汁想導正他觀念，「不論如何，打爸爸就是不對，回去跟爸爸認錯道歉。」

「我才不要呢，是他先機車的，他用考卷甩我臉還打我耳光耶。」

「可是你也丟考卷、還踹你爸一腳耶，」我反問他，「要是以後你兒子也踹你，你會怎麼做？」

「我揍死他！」他想也沒想衝口就回答。

「對呀……，你看，你會揍死他……。」我微笑地、寓意深遠地看著他。他似乎想通了一些事情，原本還相當憤怒的眼神，終於變得比較溫柔了些。

不知道他回家之後是否會跟他父親道歉，但我知道他已經稍微想通了。話說現在的親職關係眞的荒誕，「五倫」都搞不清楚了，難道大家都忘記了「父子有親」的道理？「專家」都說要父母與孩子成爲朋友，但卻沒有告訴父母該如何保有權威，於是，現代的父母，都想做個好爸爸好媽媽，想盡辦法要與孩子做朋友，但似乎巴結過了頭，把孩子寵壞了。而既然是朋友，孩子感覺當然可以直接嗆你，甚至與你打架，試想，父母尊嚴與權威何在？小孩子知道他們是父母的寶貝，全世界都繞著他們轉，以自我爲中心的想法越來越甚，在他們的觀念中，只有自己，沒有其他人存在，所以，只要一有讓他們感覺不順心、不順眼的事情發生，翻臉就跟翻書一般，管你是誰都一樣。而父母的權威早已蕩然無存，當發現你在孩子心中一點地位都沒有的時候，才勃然大怒，此時孩子反而會覺得莫名其妙，「我們不是朋友嗎？你幹嘛忽然對我這樣？」此時，原本要跟孩子做好朋友的父母，搞到最後也許連家人都做不成了。

想到這裡，我不禁打個冷顫。幸好我兒子還不至於對我這樣，到目前爲止也只有我打他的份，他即使生氣也不敢還手。可是我眞的擔心有一天如果他還手了，我們是否連父子都做不成了呢？我是如此深愛著他，如果眞的有一天發生這種事，我一定會崩潰。

唉，親職關係該如何才能拿捏得當呢？可憐難爲天下父母心。

6 多念佛

幾天前，有位國三的新同學跑來問我：「如何在大考前最後的這段有限時間中讀好書？」

我曾在十多年前，有一個機緣見到了中部的某位知名高僧，並能向他參問。當時的我年輕氣盛，卻因爲心太大、想做的事太多，弄得自己都有點迷惘了。我問這位高僧：「請指引我能夠正確無誤地達成自己的理想？」高僧告訴我：「多念佛。」

當我以跪姿、向這位高僧呈上自己獻金的同時，聽見「多念佛」這句話，心中眞是既莫名又生氣。「多念佛」這句話的回答，誰不會說？反正問你什麼問題，你就以「多念佛」來搪塞，感覺語帶哲理似的莫測，聰明的、腦筋動的快的信徒，也許可以悟出屬於自己的眞理，但如果是悟性差的呢？當時的我，覺得自己大老遠從台北到這裡來，甚至跪著奉獻求明示，卻只得到「多念佛」這句話，感覺眞是不值。之後，偶在路上看見「少造業、多念佛」的標語，就會讓我想起這件事情，但通常都會嗤之以鼻：「我行事一向光明坦蕩、沒造惡業，念佛能帶給我什麼？」曾幾何時，「多念佛」這句話並沒有帶給我任何啓示，我照樣庸庸碌碌地過生活，而年輕時的理想，目前仍在追尋之中。

最近幾年，有越來越多的學生在大考前跑來問我，如何在最短時間內讀好理化？在早些年前，我會告訴他們，哪些章節是重點，甚至巨細靡遺地分析每個章節的精神所在，讓學生們了解後，就能知道自己應該去執行複習的切入點，以收事半功倍之效。這樣子的做法眞是一位好老師的應有作爲，學生了解後無不感激涕零，點頭如搗蒜的表示一定會照做用功，可是到最後，我發現他們跑來問我的題目，越來越冷僻艱深、且都是對總複習毫無意義且浪費時間的無聊問題。如果我說這種題目不會考而不解答，學生一定會覺得這位老師過於自大驕傲又不敬業，但如果爲他們解了題，不但浪費自己的時間，而且下次他們又不知道會從哪裡挖出更無聊、更冷僻的題目讓你解，這種題目解答並不會難倒我，只是要說明的話，通常會占用許多時間，反而耽誤了其他想問「正常」題目的學生權益。曾經有位明星國中且程度很好的學生，考前三個月左右跑來告訴我：「老師，爲了加強自己的應考實力，我已經快要把大學的化學字典所有內容背完了！」你聽完會不會昏倒呢？

就在前某年的此時，又有學生問我「如何在最後的這段有限時間中讀好理化？」這個老生常談的問題時，我的腦海裡忽然瞥過一句話：「多念佛！」

是的，「多念佛」，可不是嗎！

當又遇見學生向我提出「如何在最後的這段有限時間中讀好書？」這個問題時，現在的我，通常會拍拍學生的肩膀這樣子做簡短回答：「就好好跟著我，按部就班學就好了，不必想太多！」不過，聽見這句話的學生，臉上的表情多半是莫名，甚至有點失望，於是，我會想到當時我與那位高僧見面時的情景，所以，就開始與學生進行以下的對話：

「你爲何來上我的課？」

「因爲聽說老師您上理化上的非常好、因爲老師很有名！」學生通常這樣子回答。

「嗯，那你應該可以信任我吧？」這時候說這句話時的表情一定要誠懇且要有自信，通常學生會點頭同意。「既然如此，讓我來告訴你，」我開始做另類分析了，而不是做課程研討，「還剩下一百多天，而你的程度還有段距離，做學問哪有速成式的呢？就好好跟著我的進度學習，穩扎穩打，這樣子的學習效果最好了！千萬不要慌而自亂陣腳，一定要信任我！」我接著一定要點出我要傳達的重點：「你年紀還小，學習觀念不是很成熟，要你自己去組織、去發掘、去統整，這是一件難度相當高的事，沒有老師的一路引導，你一定會走偏，到最後，通常都是該讀的沒讀、不該讀的卻拚命讀，然後時間全部浪費光光了。所以，你不如放棄成見、放棄自我，完全融入我的上課進度，完全遵照我的教法與指示及各項建議，如果你的服從度如果高，學習效果通常會最好！」坦白說，說完這些話的同時，我了解自己的方法是反式教育的填鴨，但是大考至上，這也是補習班存在的價值與補教老師應有的認知，我是教學生考試的專家，但我不是教育的專家，讓學生對自己產生信仰，反而是對學生最有益的事！最後沒剩多少時間了，還去花時間以「引導」的方式讓學生自己「觸發」來獲取「眞正屬於自己的學問」？對還不滿十五歲的孩子而言，效果沒達成，恐怕他們就在第一個的人生十字路口上及時陣亡了。

是的，「多念佛」，己立立人，我想，我應該了解當年高僧給我的開釋了。

7 成就感，來自於你對我的欣賞

已經約好吃飯的陳老師，忽然打電話給我說要我陪他去車廠驗收車子。原來，早些時間他把車子送過去保養，剛剛保養完，車廠技師打電話給陳老師說要他過去驗收，但因爲與我有約，所以陳老師要車廠請業務員代爲將車送回就好，可是不知道爲何，車廠技師堅持要陳老師親自過去做驗收動作。「也許是怕你事後耍賴，避免掉無謂的紛爭。」見了面之後，我故意調侃陳老師，陳老師也沒有表示意見地聳聳肩。

到了車廠，見到的那位技師是一位看起來充滿年輕活力的小伙子，一點都沒有像想像中的固執難纏。他熱情地握著陳老師的手，引導著我們、告訴我們他對這部汽車保養的用心，只見他一一陳述著他針對這部車子的特性換了某種品牌、某種規格的機油，還仔細地精確校準引擎轉速與各項電路，又詳細地說著他在車子的每個部分都上了潤滑油、並清潔了各種濾網。我心中暗自佩服這位技師的用心時，卻見陳老師的臉上有一絲不耐，只是敷衍地說：「嗯嗯……好，……很好……好……這樣子可以了……。」就向車廠拿了鑰匙，做了手勢要我跟他一起乘車離開。

我瞥見那位技師一閃而過的落寞表情，心中電光一亮，於是就對那位技師說道：「你保養車子，都這麼用心嗎？都會要車主仔細做驗收嗎？」

技師看著我，也許因爲我不是車主，他猶豫了一下，但很快地微笑著露出雪白的牙齒：「我只是希望經過我的手所保養過的車子，都能有最好的性能，讓車主滿意！」他比手畫腳接著又說：「我也相信車主知道我這麼用心地保養車子之後，會更愛惜這部車子！」

「我相信車主知道我這麼用心地保養車子之後，會更愛惜這部車子！」這就是他堅持要車主到廠驗收的原因嗎？記得每次理完髮，理髮師總是拿面鏡子放在後面，要我欣賞並驗收他幫我修過的髮型，但我因爲近視，理髮時拿下眼鏡，所以每每他這樣子做時，其實我是看不大清楚、而無法去欣賞整個新髮型，可是我仍然會假裝在欣賞，東看看西瞧瞧、還轉了幾下子頭，最後表現出滿意的笑容。我知道，理髮師的成就感會因爲我滿意的笑容而興奮個好久。

工作的意義，除了爲了營生活口，其實，要追求的還有一份成就感！父親是台塑企業的退休老將，但每每聽他述說著因爲他所設計興建的幾座大廠、讓台塑穩坐國內生產業龍頭的故事中，我看見了他眼中充滿驕傲的神采。那位車廠技師、還有理髮師，不都是如此嗎？我在補教業奮鬥了近四十載，我很清楚我的成就感並不完全來自於我自己的金錢所得收入，當學生告訴我他成績進步了、考上好學校，並推崇我是他們遇過最好的老師的時候，因爲久戰而略顯的疲憊，通常都會一掃而光。許多人問我：如何在教了這麼久的書還能保持教學熱誠？此時我的心中，通常都會浮現出那些讓我有成就感的學生與成績單，以及他們說的這句話：「您是我們遇過最好的老師」。

謝謝！謝謝你們爲我建立的成就感，謝謝你們欣賞我、支持我。

8 有趣的面談經驗

最近某補習班的高中數學老師出缺，我受該班主任的請託，協助他徵選來應徵的老師。

爲免除不必要的麻煩與提升效率，該補習班會事先篩選應徵信函，從中挑選條件符合者，再通知面談。補教事業是相當重視外表的，而其中有位應徵老師，因爲附上的照片看起來穿著隨便且其貌不揚，在第一輪的篩選之後，就被淘汰。但是這位老師似乎相當積極，等不到面談通知，居然主動打電話到補習班詢問，櫃檯同仁接到他的電話時，我正巧在旁。其實我對他是有印象的，因爲他履歷上記載的教學經歷相當豐富，只不過是因爲外在因素沒有獲選，當時我就覺得有點可惜。我向櫃檯同仁要了電話過來，他一聽見是我本人接聽，相當興奮，並表示面談當天他會攜帶他的講義與各項資料到場。

其實我也充滿期待，畢竟一位有實力的老師因爲外貌吃虧就被埋沒，是一件相當可惜的事，況且我一向對我的慧眼感到自傲，如今能發掘一位難得的人才當然教人興奮。爲了表示我的重視，我特別提早十分鐘到場，可是等到約定時間，那位本尊仍未出現。我一個人就在辦公室處理公文生悶氣，因爲生平最討厭不守時的人，直到過了約定時間十五分鐘之後，接待的小姐才將他帶進我的辦公室。

我仔細打量他。其實，他本人的外表比照片好看多了，穿著也十分入時，心裡面還想著他爲何挑一張不上相的照片來應徵，險些失去入選機會。他還拿著兩大袋資料，表現出他的有備而來，而讓我不滿意的是他手上居然拿著麥當勞晚餐，還完全沒有爲他的遲到表示歉意。

我請他就坐，他語氣儘管客氣，坐下後居然翹起二郎腿，並將雙手交叉於前胸。我對他的肢體動作感到不悅，但仍按著性子與他交談，雖然一開始交談的幾句話可能是屬於禮貌性的寒暄或是輕鬆的無關緊要的問答，但我察覺出他說話完全答非所問。逐漸失去耐性的我，尖銳地直接切入正題：「目前高中數學版本衆多，而各家教班都是小班經營，需要綜合各版本上課，請教老師您的因應對策如何？」

「嗯……其實我曾到『華×』還有『儒×』補習班面試過，他們也曾經問過我一樣的這個問題，可是我還沒有想到方法，你可以告訴我該怎麼做嗎？」

我傻眼，居然丟出問題給我，讓我一下子搞不清楚是誰對誰面試。於是，我所僅存的一點耐心，帶領我的眼神往他所帶來的那兩大袋東西上看：「老師，那是您帶來的講義嗎？」

他很興奮，拿出十幾本講義，一一向我講解其內容。我翻開之後，皺起眉頭，因爲那是某大數學補習班的制式講義，只是封面換掉而已：「請教您，這是您的自編講義嗎？」

「喔，這是我向同行借來的，大家都有交流、互通有無呀。」

「你這樣子使用，沒有版權問題嗎？」我說話已越來越不客氣了。

「呵呵，他們不會注意我這個小牌老師啦，我用了很久都沒問題。」他還是很輕鬆。

看他的嘻皮笑臉，我忽然有一種轟他兩個耳光的衝動，「老師，我記得你不是說你有自編講義今天要帶來嗎？」

「有啊，我有自編講義，但是都存在我的電腦裡。因爲我不知道你會不會錄用我，所以我才先拿這些別人編的講義給你參考。」他居然還做出個鬼臉，「不然你知道的，有些補習班會行應徵之名、盜用講義之實。」

我站起來：「好，我們今天就到這裡，請你回去。」

「我錄取了嗎？要不要討論排課時間？」

難道他看不出來我的不悅還有逐客令？「你請回吧。」我頭都沒抬地坐回去。

面談遲到還帶外食、對於問題答不及意、重要問題毫無準備、說好要帶來的自編講義也沒有帶來，最後居然還說怕補習班盜用資料、自己卻大言不慚地使用別人講義……，我眞的懷疑會有哪家補習班聘用這種老師！

事情還有個小尾巴。前幾天與幾位補教同業餐敘，聊到這件事，其中有位主任坦言說那位仁兄正是他們剛剛開除掉的老師：「他看起來彬彬有禮，資歷豐富，剛開始上課也還好，可是慢慢地學生就發覺他上課沒料，我們與他溝通之後，居然就開始曠職，連續曠職三次，我們當然就換人了。」

儘管我仍會耐心發掘補教界的璞玉，但是我知道一個道理：一個人的成功絕非靠機運，而失敗的人也絕非是莫名其妙！

9 你是誰

「是老師嗎？」

「你是誰？」我正在忙，忽然接到一通沒頭沒尾的電話，有點不悅地回問。

「我是你××補習班的學生，我想問你一個問題。」

「你是誰？」學生居然有我的電話，心中不高興的程度再加一級。儘管充滿教學熱誠，但我還是希望下課之後的休息時間是屬於我自己能獨有，不希望被打擾。除了幾位比較知心的學生之外，我很少留電話給學生，所以，這位「不速之生」居然會有我的電話，讓我的警覺心又升高了不少，最近詐騙集團不是常以電話說「猜猜我是誰？」來進行詐術嗎？畢竟現實社會亂象叢生，不得不防。

「我只是想問一個問題。」這位學生居然沒聽出我的不悅。

「你是誰？你叫什麼名字？」我的脾氣也很硬，語氣極度不高興。現在對於這類電話，通常直接掛掉，但直覺告訴我這應該不是詐騙電話，所以就暫時按耐住性子。

「一定要講名字嗎……？你可能不認識我耶……。」

「你不說你的名字，我怎麼知道你是不是我的學生？」

「喔，我只是要問一個問題，一定要講名字嗎？」

「你懂禮貌嗎？」我氣極，掛掉電話。

過了約一分鐘，電話再度響起，來電顯示是剛剛那位。

「是老師嗎？」這次這位學生語氣比較客氣了，「我是××補習班的學生，我想問你一個問題。」但是他還是沒說出名字。

「你叫什麼名字？」我堅持要問。

「我叫×××。」終於說了。

「喔，你要問什麼問題？問吧。」他終於說出名字，而畢竟我學生實在太多了，對這個名字果然沒印象，但他怎會有我的電話？算了，現在個資外洩也不是什麼大新聞，我不想逼問他了。

「喔……謝謝喔，就是……。」結果他問的問題實在很普通，我沒有十秒鐘就給他解答完了，他似乎很滿意地掛上電話，我搖搖頭。

只是打電話來問我一個很簡單的問題，居然如此波折。也許是我老古板，相當重視應有的禮節，而這位學生看起來也不是故意要惹我生氣，感覺上他只是不知道如何與我應對。

不知道如何與長輩應對？

這不是個案，這是社會目前所存在的普遍現象。現在人大多冷漠，見面也不打招呼，少了應對進退的機會，自然就不習慣如何待人接物。學校的「生活與倫理」、「公民與道德」雖然有教，卻都是紙上談兵，學生只會考試、不懂實際與運用，老師與家長也都不重視的結果，造成只是打一通電話給我，就讓我有那麼多感觸。我常教自己的孩子對長輩、對鄰居、對朋友應該如何表示禮貌，但因爲同儕影響與社會風氣使然，自孩子們臉上不耐的表情，就知道他們在外面做到幾分。其實，禮貌是文化的產物，大家都希望得到別人的善意對待，所以，就必須先讓自己對別人釋出善意、以期有預期的同等回報，這是人的本性。那位打電話給我的學生其實也是如此，他事實上應該是想對我有禮貌的，但也許是緊張，也許是害羞，更可能是不習慣與他人應對進退，所以表現失宜，連自己的名字都不懂得先報，那我何必對一位陌生人解題？打電話先報上名字，這是最基本的禮節，不是嗎？

我忽然發現，接聽電話是一個很好的禮節訓練，所以，後來就請就讀高一與國三的兒子女兒幫我接聽補習班的電話，訓練他們如何接聽應答並有禮貌地轉接給相關人員。前幾天我不經意打電話到補習班洽公，居然認不出電話那頭的回應相當得宜的接線生居然就是自己兒子時，心中居然有股莫名的感動！

不知道這位學生經過這件事之後有沒有學習到什麼，希望他下次如果還有機會打電話給我或是給其他人，都會懂得先說清楚自己是誰，並注意該有的禮節，否則，被人掛電話之後還咒罵別人，那就是自己的不對了！

10 你睡覺，我道歉

最近因爲大學生在課堂上的光陸怪離引起廣大討論，其中有一個談話性節目中的來賓指出：「要睡覺就在宿舍睡，何必跑到課堂上的教室睡呢？」我不以爲然。

在上課時睡覺、打電動、吃泡麵，甚至吃火鍋等事件鬧的沸沸揚揚的，甚至造成師生對立。其實多年前，在我唸大學的時代，這種事就曾在我的周圍發生，我還記得曾有女同學每堂課都在修剪她的髮尾分岔呢，只不過沒有像媒體渲染地這麼誇張罷了。在補習班上課，學生倒是沒有到吃火鍋這麼囂張，不過因爲學校留校而趕來補習班上課的同學，沒有時間吃晚餐，我都會特准他們邊上課邊吃飯，畢竟，餓肚子是沒有精神上課的！只是不能帶香味特濃的食物，以免瀰漫的香味影響到其他同學還有老師。

上過我的課的學生都知道，我是個嚴格的老師，誰敢在上課時傳紙條或是聊天打電動傳簡訊等被發現，下場一定相當悽慘，而我的課相當緊湊精采生動，就是想睡也睡不著，但總是有遇到枯燥課程的時候，整堂課計算題講下來，台下的學生就會有人開始失焦、開始找周公聊天去了，這時候如果讓我發現，一定都會喚醒他，並且向這位睡覺的同學道歉，並請他去洗臉提神。

是的，你睡覺，我道歉！

因爲上課上的不夠精采，讓你睡著了，所以老師向你說聲對不起！我們都曾當過學生，所以都會有經驗：剛進教室的時候，大家都不會有睡意的，但是，如果是課程太枯燥，或是老師的表達方式過於平淡，那麼在上課中途，周公來拜訪就不是什麼大驚小怪的事，這也就是為何我對文章開頭所說的那位人物他話中內容不以為然的原因，因為，沒有人是原本就打算在課堂上睡覺的，老師的課引不起興趣，不出席又會被記曠課，只好在課堂中途來個「人到心不到」。我很慶幸自己是位自然科教師，因為這門課相當貼近生活，在我的上課經驗中，只要以說故事的方式引用生活上的相關事例，學生們都會聽的津津有味，至於若碰到艱澀枯燥的計算題，也會用音調抑揚，或是串場笑話來為學生提神，只是就像吃藥一樣，對某些學生而言，作用不大，但學生花錢補習，補習班老師的任務就是引導學生對課程有興趣、進而產生效果呀！不然學生在學校上課就好了，何必花大錢到補習班呢？這就是學校與補習班教育方式的差別性。

斥責學生在你課堂上的睡覺行為，我認為是件本末倒置、倒因為果、相當過分的事。學生會睡著的原因是因為老師自己技拙，怎可因為自己的錯轉而責罵學生！這難道不是惱羞成怒的文過舉動嗎？所以，只要學生非惡意地在課堂上不小心睡著，我都會誠心誠意道歉，而我也相信有心上進的學生，會因為我的道歉讓他更加奮發振作。

記得在唸書時的一次週會，我曾被迫出席去聆聽已故作家趙寧的演說。我原本料想這會是一次無聊的時間空白，所以就帶了自己喜歡的小說準備去填補這預想中失落的時間，結果，在演說結束之後，我才驚覺在這一個半小時中，居然從頭到尾都不曾打開這本小說。整個演說過程，校長、老師，還有全場學生等聽衆們都聽得如癡如醉、笑聲連連，沒有人打瞌睡，所有人的情緒在這段時間都被趙寧的妙語如珠所牽引，演說結束時，主動且熱烈的掌聲綿延了五分鐘，甚至讓退場的趙寧還再度出來謝場。這是我第一次感受到精采演說的魅力，並立志效法！我上課讓學生印象深刻的原因並不是由於太多的獨特教法或解法，而是以自認還不錯的演說技巧來引導學生、讓學生對理化這門學科興致盎然，因為我知道，要讓學生自動自發，「興趣」是學習的原動力，否則即使以強迫填鴨的方式，得到高分的成果也是暫時性的。

學生睡覺、老師道歉！謹以這句話與所有老師共勉、更希望學生能夠更加惕勵自省！

11 兒童節問兒童，你關心你爸媽了嗎

各位同學，你關心你父母嗎？

其實我很爲現代父母叫屈，在現今的普世觀念裡，親職關係似乎都是應該由父母主動，搞到最後居然還被孩子嫌煩。父母照顧孩子已經到無微不至的地步，明明是放假，父母卻爲了兒童節要去哪裡，搞得比上班還累。如果父親節或母親節要外出聚餐慶祝，不但花的錢都是父母的錢，而且還要顧及孩子喜不喜歡，都搞不清楚是誰在過節了，這公平嗎？現在得孩子習慣被父母嬌寵，以爲這些待遇都是理所當然的事，都變得不惜福了。

我曾經把下列問題，對國、高中生做過幾次非正式調查，即使非正式，但可信度我認爲相當高，這些結果，不論是家長還是孩子，都應該檢討！

1. 孩子知道父母的生日嗎？

答：知道的比例只有35％，在不知道的65％中，甚至連父母幾歲都不知道。但是，孩子一定知道同學與朋友們的生日，而且會熟記絕對不會忘記要送禮物！

2. 孩子知道父母的職業嗎？

答：完全確實知道的有18％，大概知道的47％，自己猜想的15％，完全不知道的居然有20％！一般是

父母不想透露，而孩子也懶得問。

3. 孩子知道父母的學歷嗎？

答：知道含學校系名完整學歷的有22%，只知道程度（如大學畢業）但不知道校系名的55%，自己猜的12%，完全不知道的有11%。

4. 孩子知道父母的月收入嗎？

答：確實知道的8%，大概知道的25%，完全不知道的67%。父母對孩子隱瞞收入的原因有很多，在此不探究。許多孩子對收入多寡是沒概念的，如我有一位學生拿iphone穿戴名牌並出手闊綽，大家都說她家裡很富有，她自己也如此覺得，並炫耀說：「我爸一個月薪水有五萬喔，很多吧！」嗯……，一個月五萬很多。

5. 孩子知道祖父母的名字嗎？

答：祖父母與外祖父母都知道的9%，只知道其中一兩位的28%，完全都不知道的有63%。能說什麼呢？爸媽的生日都不知道了，還管到祖父母。

6. 爸媽的兄弟姊妹都熟悉認識嗎？

答：這個就還好，表示父母與平輩互動交往還算頻繁。完全知道的有85%，大概知道的有13%，完全都不認識的也有2%。不過，許多同學搞不清楚稱謂與相互關係，比如說媽媽的姐姐的兒子是屬於表兄弟姊妹的關係都不大清楚，還有人認爲弟弟是他的晚輩。公民教育要加強了！

7. 孩子知道父母身體是完全健康，還是有失眠、高血壓等中年人的慢性疾病嗎？

答：確實知道的5％，大概知道的有88％。

8. 孩子在家有幫忙做過家事嗎？

答：每天都有固定參與家事的1％，星期假日才參與的5％，只負責自己房間的22％，偶爾幫個小忙的28％，完全沒做過家事的高達52％！（以上數據有重合情形）現在終於知道社會上爲何有這麼多草莓與豆腐的原因了！

9. 家中長輩有事或生病，孩子會幫忙或照顧嗎？

答：一定會的2％，偶爾有做過有過經驗的15％，完全沒參與也不會做的有80％！唉……。

10. 如果有機會，希不希望離開父母到外面住？

答：希望的比例59％，不希望的25％，其他的沒意見。呵呵，是父母對孩子不好管太多、還是孩子身在福中不知福？

天秤座的我，凡事最注重公平正義，在此呼籲各位同學，你們要趕快長大成熟，讓爸媽對你們刮目相看。

12 〈師說〉之補教白話版

凡有考試制度必會存在補教老師。所謂補教老師，就是能夠傳遞知識、教授考試技巧、解決學業困惑的人。學生又不是生來就會考試，怎麼會沒有問題？如果你有問題又不找補習班老師，你的疑問將永遠得不到解決。

年紀比我大的人，獲得知識，必定比我早，我當然要向他學習；如果年紀比我小，如果獲得知識也早於我，我也可以向他學習。所以找補習班老師，何必要看年齡呢？所以也不需要去比較學費貴的、便宜的、老師年紀大的或年輕帥氣的，只要會教到讓你懂的，就是好老師。

可是呀！大家都不曉得該如何去找補習班的好老師，所以要解決課業迷惑是一件困難的事。以前優秀的學生，不論程度有多好，都會千里不辭找好補習班求學；但現在的學生，明明程度已不如別人，卻還是不願意到補習班上課。所以，成績優秀的人就越優秀、功課差的人就越差，程度好壞的差別，原因就是出在此呀！

家長疼愛孩子，會選擇升學率高的好學校去上課，但是他自身卻認爲上補習班是可恥的，眞是糊塗啊！一般的學校老師，只是領公務員薪水，學生未來升學成績如何，他們並不必負太大的責任，所以缺乏競爭力，不像補習班老師有隨時被解聘的風險，所以教學成果比學校好太多！爲了高分考取好的高中與大學，所以越區找好學校就讀，但明明知道學校教得還是不夠好、課業還有疑惑，卻不肯到好的補習班請好老師指導，計較小的卻把大的遺漏了，我看不出家長排斥補習班的高明地方啊！

有些家長雖然知識程度不是頂尖，但他們都會要他們的子女去參加補習，因爲他們認爲跟隨補教老師學習並不是可恥的；但是有些學教育的知識分子這一階層的人，一聽見「去補習而得高分」，大家就圍著取笑他們，問這些取笑別人的人原因，就回答：「補習班只會騙錢，也不是很會教呀！學校不是也有老師嗎？學校教育才是正統呀，何必浪費錢。」唉！對教育懷有理想、教育水準越高的家長，傲氣是可以被理解的。一般支持補習班的家長，所謂教育學者不屑與他們並列，可是現在所謂「懂教育」的這群人，他們的才智反而趕不上一般的家長，這眞是令人感到奇怪啊！

成績好的人通常還會找補習班的老師來更加強自己實力，像年輕時功課優異的我，印象中最重要的老師就曾經學習於補教教父賴世雄老師。像一般的學校老師，教學績效都比不上我。我曾說：「三家補習班中，其中一定有可以找到像我這樣子的好老師的補習班。」所以補習班不一定不如學校，學校老師不一定什麼都比補習班老師高明，懂得讓學生知道課程，在大考可以奪高分，如此罷了。

我的學生們，大都約十幾歲，喜好讀書，不論哪一科，都已經通曉熟習，不受某些人看不起補習的拘束，向我學習理化，我讚美我的學生們能實行古人從師問道的道理，就改編了這篇〈師說〉送給我最親愛的學生與支持我的家長。

【附記】

本文仿自唐宋八大家之首韓愈的名作〈師說〉。

13 粉筆性格

上課時使用舊粉筆，照樣有好版書。

我信步走上講台，看著粉筆槽，選了一根粉筆，轉身準備上課，卻發現班導師站在一旁，若有所思、微笑著看著我的動作。

「老師，您喜歡使用被用過的舊粉筆嗎？」導師問我。

「喔？」沒想到我的小動作居然被注意到了。原來，補習班的班導師在上課前準備教室的時候，都會爲任課老師排好粉筆，粉筆有新有舊，有的老師只喜歡使用新粉筆，而我，卻專門挑選用過的舊粉筆來使用。

「舊粉筆比較好用嗎？」

我笑了一下：「每位老師使用粉筆的習慣不同，前一位老師使用過的舊粉筆，怎麼會適合我？」

「那……。」

「沒有啦，我上課會先挑用過的粉筆來使用，純粹是爲了環保。」就像對學生一樣，我解釋起來相當有耐心，反正還不到上課時間，「如果沒有老師去拿舊粉筆來使用，那些還可以使用的舊粉筆不就浪費了？多可惜呀。所以，我上課的習慣，就是先挑舊粉筆來使用，舊粉筆全部寫完了，再拿新粉筆。」我不忘了還補上一句話：「這是我的個性啦。」

「原來如此，那很好呀！」班導師笑著回我的話。

也許有人會說，粉筆是補習班買的，又不必自己花錢，況且也不是一種昂貴的東西，何必省著用？只是，看見還可以用的舊東西被浪費掉，心裡面就覺得不痛快。晚上洗澡時，我習慣使用香皂而不是沐浴乳，畢竟沐浴乳用完了之後還會留有塑膠空罐，所以香皂比沐浴乳環保。而且，我使用香皂還有一個怪癖：香皂快用完的時候，我會把舊香皂黏在新的香皂上繼續使用。這是小時候父母教導我的，不知不覺地我也保有延續了這項習慣，因爲，這樣子就可以把香皂用到完全不剩，一點都不會浪費。一開始我的孩子不懂，洗澡的時候還刻意地把我黏好的香皂分開，沒想到還因此被我斥責，他們委屈地說：「那麼小塊的香皂，不能用了爲什麼不能丟，還要黏在新的香皂上面，很奇怪耶！」

「丟？還可以繼續用的東西你要丟？你不覺得浪費嗎？」我並不知道小朋友們是否眞的了解我的想法，但至少在後來，黏上的舊香皂就再也沒有被分開過了。

愛物惜物一直是我根深蒂固的想法，我知道，這些想法是父母從小就教育我的，即使我們現在的生活有多富裕，習慣仍舊不會改變。例如吃飯一定要把碗裡面的東西吃乾淨，一顆飯粒都不可以留下；家裡的抹布何必去外面買？用到破掉的舊毛巾就可以改做抹布來使用，直到爛到不行才丟掉。其實，應該有許多長輩都知道這些習慣，在民國四十、五十甚至到六十年代都還相當普遍，只是大家生活越來越富裕，於是就慢慢遺忘了從前的物力維艱，但就是有我這種「老古板」會保有這種「過時」的奇怪習慣。像西裝等比較高級的舊衣服，因爲自己身材變形了穿不下，就「傳到下一代」給兒子穿，還很驕傲地說：「兒子你看，這衣服的年齡比你還老耶！」儘管兒子撇嘴說好老氣不想穿，我就會假裝沒聽見地走開。

喜歡以自行車運動健身的我，當然要會自己保養車子，只是髒髒的油汙會讓抹布使用一次就無法再使用了，相當浪費。忽然發現破掉的舊襪子套在手上爲自行車做保養時相當方便，不但黑黑油汙完全不沾手、用完還可以直接丟掉，剩餘價值可以充分利用。有一次，在自家社區中庭爲愛車做清潔保養時，許多鄰居經過我身旁，看見這環保的做法後，都對我的巧思舉起大拇指說讚，讓我莫名地感到自豪。

自豪？恐怕許多人看到這篇「摳門」的文章之後，對我的印象會從此改觀。

14 寂寞的天才

天才總是寂寞的。

因爲個人魅力，喜歡上我的課的學生，自然不在少數。有別於一般譁衆取寵的老師，許多學生是因爲我上課料多實在而報名的，當然，其中不乏有許多資質優秀的好學生。

每年每個年級的開課班別，都至少有四、五個班，我並不是每一個班的上課內容都完全一樣，如果某個班的學生程度普遍較優秀，那麼我的上課內容就會比較深、比較廣，即使如此，因爲是在大課堂上課而非家教，所以，教學內容與方法就必須要比較適合一般普羅大衆。學習力快且強的學生，通常一下子就學會了，在我放慢上課節奏等著程度一般的學生跟上腳步的同時，他們通常無所事事、不知道要做什麼。

我看在眼裡，心中常有百般感慨。

某個補習班的國二班，有位張同學是最近在寒假「回鍋」的學生：她曾在去年暑假時上過我兩個月的理化課，耳聰目明的她，積極認眞的上課態度讓我印象相當深刻，無奈九月份開學之後，她在別的補習班的英文課與我的理化課時間衝堂，所以，只好捨棄課堂學習、改以函授課程方式上我的課。最近寒假，居然又看見她出現在我的課堂，她興奮地說她的英文課程已經結束，所以現在終於可以到課堂上來上我的課了！有一位好學生來上課，身爲有爲好老師的我，自然滿心喜悅，所以，對她的學習狀況，就會相當注意。

國二理化的寒假課程進度內容是「莫耳」，這個課程單元，可以說是大部分國中生的理化死穴之一。我在講解這個單元時，會刻意放慢節奏，希望不論程度高低，所有的學生都能徹底懂得這部分的進度內容。尤其是那位張同學，她已經一個學期沒有在課堂上我的課了，我很擔心她面臨這個比較艱深的課程進度，會有無法適應的情形，後來我才發現，我的憂心完全是多餘的：她只聽了我對課程主題的講解，居然就把講義裡所有的範例與類似題全部自己先做完，然後等我慢慢講解到這些題目之後，她再把我的解題與自己的答案來做對照，而在等待的期間，她居然完全沒事做，趴在座位上在講義裡隨意塗鴉。一般的老師會不喜歡這種「看起來不專心」的學生，可是，我卻知道她是所有學生裡「專注力最強」的！只因她學習力強、效率好動作又快，所以讓她「好無聊」！由於她的座位在前排第一位，我發現了這個情形後，居然對她有抱歉的感覺，喜歡因材施教的我，於是就趁所有學生還在埋頭寫筆記的空檔，順手丟了幾個需要思考的難題給她玩一玩，這樣子才讓她不虛度時間。

在我的經驗中，這種學生還不在少數，我必須強調這類同學與那種不專心、程度差、花父母的錢來補習班虛度光陰的壞學生不同，他們的資質相當優秀、理解力又強，所以，在一下子就可以聽懂上課的課程內容，可是，剩下的時間卻在發呆中浪費。有些家長知道自己孩子的程度，會與我討論改變上課的節奏與內容的可能性，當然，答案通常會是否定的，但我通常會對這類學生特別給予關照，畢竟我是相當心疼他們的，因為這些同學都相當支持我、又喜歡上我的課，我應該要負起讓他們做更有效率的學習責任。只是，普天之下像我這種老師又有多少人？我會想辦法讓這些天才型的學生學習更充實，但其他許多沒有教學熱誠、整天混日子等退休的老師呢？如果不幸遇上這類的老師，我想，這群資優學生只好繼續在課本講義塗鴉、寂寞下去。所以，許多有見識的家長與有心的同學，當然就會尋求優質的補習班來解除寂寞，補習教育反倒成爲今日教育的中流砥柱！

據說，所謂的「自閉症」患者，幾乎都是天才，他們因爲過度聰明，而無法融入一般人群中過生活，在從前，自閉症兒童居然還被歸類在需要被「啓智」的族群中，眞是既諷刺又可悲。當然，這篇文章探討的主題並沒有到「自閉」這麼嚴重，但我發覺天才眞的都好寂寞。國家在教育政策中是應該好好正視這個重要問題，資優教育的規劃應該更努力去制定政策並落實，而不應該擔心被冠上「假資優眞升學」的說法而因噎廢食。我個人是相當贊同「能力分班」制度，因爲，在過去國中裡有能力分班的時代，造就了多少資質優秀、且競爭力強的人才，在這個世代長成之後，有他們的堅守崗位與付出，讓台灣在各方面的建設均突飛猛進，樣樣有目共睹。而今日，在所謂「專家」與某些「家長聯盟」的運作下，只剩下某些私立學校敢開「資優班」，公立學校連想都不敢想，有的也是做做樣子虛應一下故事，越來越多鄉愿的官員以及學校各級教師，都不敢得罪這些社會「有力人士」與「清流」，所以，現在看見的是國家越來越缺乏競爭力、社會越來越亂、下一代的資質越來越差。其實，那些所謂的專家與熱心家長，他們自己所教育出來的孩子又是什麼樣？有多少人眞的親自從事過國中教育？大多只是有一張嘴而已。而我卻擔心這些只會出嘴的人，會害垮我們的國家！

我也感覺有點寂寞，因爲不知道有多少人與我的想法一樣。

天才不應該是寂寞的。

15 想要學到好手藝，就不能隨便換尾牙

因爲有觀賞公共電視節目的習慣，所以注意到一則內政部與法鼓山共同製作的公益廣告「心六倫廣告『芯菱奇基』料理篇」。其中阿基師在裡面說的一句話：「想要學到好手藝，就不能隨便換尾牙！（台語）」，令我心有戚戚焉。

先解釋這句話的意思吧。「尾牙」是台灣人具有濃厚人情味的習俗，每年歲末年初，老闆爲慰勞公司員工終年付出，於是大擺宴席來犒賞。阿基師話中的「換尾牙」，意思就是換工作、換老闆。

阿基師是台灣第一名廚，他的成長故事大家都耳熟能詳，儘管曾發生過不雅緋聞。他廚藝的學習歷程比一般人久，也更扎實，卻也隱藏了無數辛酸的心路歷程，所以他在片尾才會自我調侃「心事誰人知」呀。他的成功的要件之一，就是有恆與堅持的毅力！

要學會一件專長是一回事，但是要專精，那又是另一回事。年已中年的我，回想自己的努力過程，也有許多酸酸甜甜的感覺。學習專長的過程中，吃苦是必然，在這第一回合的檢驗中，大多數的人就會出局，而這些多數人，因爲不能吃苦，所以會到處尋找不勞而獲來發達的捷徑，這是人性，當時年輕氣盛的我也曾迷失過，結果其實可想而知，也所幸我迷途知返懸崖勒馬。

你能吃苦並不代表你一定會成功，所以，遇到挫折是必然的第二試驗。我團隊中有一位原本被看好的培訓老師，在經過一年多的訓練後，很快受重用，被派發到一家補習班上課。然而補習班老闆不喜歡她，對她常有批評，在挫折感作祟下，才不到兩個月，就藉故退出團隊退出補教。其實這位老師遇到的挫折是一般老師所常見的事，才一開始就打退堂鼓，即使現在的她也許成功轉換戰場，我也絕對不看好她的未來前途。

能吃苦、不怕挫折，有恆的堅持與毅力通常就會讓你成功。然而，成功的狀態有長久有短暫，就看你會不會「大頭」。站在一個高點容易讓你昏頭轉向，自以爲是的你容易忘了當初的堅持，我們在業界常看見電光一閃的慧星，曾經大紅大紫，卻一下子消失無蹤，就是因爲忘本而失敗。君子務本，本立才能道生，常看見許多業界補教老師自以爲教得不錯，於是心猿意馬「吃碗裡看碗外」，背叛師門、自立門戶，甚至還公開攻擊原本培育他的師父，多行不義，迅速自斃就不會令人太意外。

實例太多實在不勝枚舉，成功的人有一定的特質，有恆、堅持、用心鑽研、樂於工作，必能成爲你專業中的一代翹楚。並不是說一定不能換工作，而是你必須要檢視你換工作的原因，是否是你自己的人格弱點使然。日本國力強盛舉世皆知，而日本國民對工作的態度大多是「從一而終」，這就不難讓人窺知一二。「想要學到好手藝，就不能隨便換尾牙！」，這句話實在讓我太有感觸了，所以分享給大家！

16 愛情是沒什麼道理的

本來只是一件教學上的瑣事，因爲心有所感寫了一些東西發表在臉書上，沒想到居然引起熱烈迴響，短短半個多小時就有快一百五十人按讚，所以就跟大家說明事情始末。

那時剛好是補習班留班季，有位自國二開始跟隨我上課的高一學生說他可能不能續補了，因爲他媽媽要幫他轉補習班。我很重視這位學生，他自國二起沒有間斷地上我的課，成績表現相當良好，基測順利地考上台北市的一所明星高中，目前繼續在我的化學班爲高中化學努力中，高一的這學期在校的段考成績也都有八、九十。

「啊？爲什麼？爸媽不滿意你的功課表現嗎？」坦白說，這位同學的狀況很少，上課與我的互動也很好，認眞求學的態度很令我喜歡，我絕對捨不得他離開我。

「不是功課的問題……。」他吞吞吐吐。

「那又是什麼原因？錢的問題嗎？」除了功課表現，通常學費是家長的第二考量。

「老師您去問我媽啦！」他尷尬地跑開了。

除非必要，否則，我極少插手補習班的行政或招生事宜。今天遇到這件事，我當然不猶疑地拿起電話筒。

「是老師呀，」電話裡面傳出這位家長不客氣的語調，「你知道我兒子跟你們補習班另一位女學生網路聊天聊到半夜一兩點嗎？」

我當然不知道！我又不是你兒子的保母，而且半夜一兩點你兒子在你家，他在做什麼我怎麼會知道？我以沉默代表回答，沒想到這位家長以為我心虛，繼續劈哩啪啦：

「你身為一個老師，為什麼會放任小孩子談戀愛？你不知道談戀愛會影響功課嗎？虧你在補教界那麼有名氣，這你都不管的嗎？你們補習班的管理太鬆散了！所以我已經決定，幫我兒子轉到另一家補習班上課！」

「所以，你不讓你兒子續補，是因為他與我們補習班的女同學談戀愛？」

「是啊，這樣子才可以隔絕他們！」

我的天，原來是這樣。現在的這個時代，不要說是高中生，從小學就開始談戀愛的都大有人在。我自己也有就讀高中的小孩，最近好像也有類似這樣子的情形，儘管會有點不放心，但還是保持密切觀察注意就好，坦白說我兒子會與女孩子談個小戀愛，正證明了他還算受歡迎，我還大大地鬆了一口氣呢，在現今前衛的社會風氣氛圍下，有誰可以保證什麼事情一定不會發生呢。

「小松媽媽（按：真實姓名隱匿替代），我可以請教您幾個問題嗎？」我還是保持我一貫的耐性與客氣語調：「第一，您確定您為小孩子轉到其他補習班上課，他們就不會繼續交往嗎？第二，即使分手了，您確定您的孩子不會再另外一家補習班『另覓新歡』嗎？第三，如果他今天交往的是學校的女同學，你也要爲您的孩子轉校轉學嗎？」

「……」這位家長頓了一下，但馬上接話：「你們難道不能管管那個女孩子嗎？你們要跟女孩子的家長講呀，不要放任她來勾引我兒子！我兒子從小就乖巧聽話，可是現在都變得一點都不聽我的話，一定是她帶壞我兒子的！」

又是一位「別人帶壞我小孩」心態的家長！我實在不想回她說，人家女生的家長搞不好還會回嗆說是你兒子帶壞她女兒的呢。

「您先別激動，您讓小松轉到其他補習班是不能解決問題的，況且他目前學業表現還算優秀，我會商請補習班幫您密切注意觀察的。」

「不要不要，我已經無法信任你們補習班了！連這點小事也管不好！」

電話就在這沒有共識的結果之下結束。感覺上，我似乎眞的留不住這位學生了，但反省這件事情的發生，我有錯嗎？補習班有錯嗎？學生青春期的身體裡荷爾蒙作祟，一味地禁止、阻絕，在網路通訊發達的現在，我眞的懷疑會有多少成效？又即使眞的「破壞」了他們的感情，年輕寂寞的心，不會讓他們再去尋尋覓覓嗎？更況且，他們的小戀愛又沒有影響課業，家長只是爲了防微杜漸要他轉學，若因種種因素導致他課業退步、弄得親子關係緊張失衡，這樣子有任何意義嗎？每個人都年輕過，難道不能想想自己以前年輕的時候、你成長的整個心路歷程，爲孩子多一點同理心嗎？我並不是贊成國、高中學生談戀愛，但要阻止絕對有它的困難度，家長在這種事情中所扮演的角色，一定要跟孩子站在同一條陣線上，他才會向您傾吐、分享，而我們也可以從旁掌控、輔導，這也是生活教育的一個過程呀！

在孩子的感情生活上不要跟他們說太多的大道理，因爲，愛情是沒什麼道理的，但如果因爲這件事損害了父母與孩子們的親情，那才眞的是沒道理！

17 補習班老師說的都是騙人的啦

「老師，您上課時提到：要我們回家舔一下肥皀，感受感受肥皀的味道，這是故意愚弄我們的嗎？」有位學生下課時跑過來問我，語氣相當哀怨。

「怎會是愚弄？我當然是認眞的。」我有點莫名其妙地反問她，「怎麼了嗎？」

「因爲我聽老師您上課說的去嚐一嚐肥皀的味道，結果我爸看見之後，大聲罵我：『你們補習班老師騙你的啦！』還罵我笨！」

原來，自然課程到國二下學期，會上到有關「酸鹼鹽」的部分，一向鼓勵學生勇於做實驗的我，知道大家普遍對「酸」與「食鹽」的味道都相當熟悉，惟獨對「鹼」的味道陌生，於是，建議學生回家洗澡的時候，輕輕舔一下洗澡用的香皀，感受一下。當然，香皀並非是食物，所以在建議同學舔香皀的同時，我也強調了應注意事項，以免同學做出錯誤的事。這位向我抱怨的同學，就是在做這項實驗的時候，被父親發現，而她的父親直接不假思索地責怪，並譏諷孩子被補習班老師愚弄了。

知道事情的來龍去脈之後，我相當無奈，科學就是奠基於好奇心而實驗的基礎之上，許多科學家都是在被大衆嘲笑之後，才創造出舉世震撼的大發明。由於我從來對學生都是教育要對父母感恩並馬首是瞻，所以，在強調我絕對沒有愚弄學生之後，還要替她父親打圓場，說爸爸只是不知道、擔心她受到傷害等等，以避免這位同學的小小心靈烙下疤痕。有時候家長扼殺了孩子的好奇心與實驗心，雖說是不經意的，所損失的影響也許會相當深遠，但有些家長會這麼做其實是故意的，因爲在現今世道陰險，爾虞我詐，他們不希望心地純潔的孩子被補習班洗腦、被牽著鼻子走，所以，就教育小朋友如同他們一樣，要在心裡面建築一座高牆，不讓別人輕易攻入。

牆的確不容易被攻入，但自己也不容易走出去。補習班或補教老師爲了讓學生對課程產生興趣，常會使用各種方法與措施，目的是希望學生在產生興趣之後，進而有求進步的自發企圖心，功課自然而然地就突飛猛進了。多數的家長普遍樂觀其成，但在我的經驗裡，就遇見過許多自主觀念，或自我保護心態較強的家長，發現孩子喜歡到補習班，並崇拜某位老師之後，擔心孩子被洗腦，或是被灌輸他們不希望想要的觀念，就開始擔心，輕則對孩子告誡，重則退班不補，這些事情是時有所聞的。這類的學生，如果也固執地堅信父母對他的警告，通常來班補習後，功課進步的幅度也不會太大，因爲孩子對補習班、對老師，都是抱持著不信任的懷疑態度，那又如何願意輕易接受老師對他的指導呢？

先總統蔣中正帶領國民黨軍隊退守台灣之後，擔心軍民心態渙散不知團結，爲鞏固領導中心、強化國家力量，提出「主義、領袖、國家、社會、榮譽、服務」的口號，這是五年級以前的民衆相當熟悉的。頭兩個「主義」與「領袖」，就是思想信念與領導中心，在心理學上的角度言，有了信仰方針與支持的偶像，被領導的人，會很容易讓領導人給同化，許多宗教是如此、極權國家是如此，補習班與補教老師所利用這種方法也是如此，只是我們目的是良善的、是循循善誘的，家長實在不必太過擔心。如果眞的有所考慮，可以先觀察學生功課是否有進步，並可以與補習班直接溝通，我想，一所優質的補習班，一定會給家長一個滿意的答覆。

讓孩子補習的目的，就是希望他們的功課進步，但卻又不希望學生被補習班洗腦、影響太深，這種「又期待又怕受傷害」的心情，我是充分了解的，因為自己除了身為補教界中人、也同時為兩位小朋友的家長。我的人生管理哲學是所謂「疑人不用、用人不疑」，各位家長不妨在為孩子們選擇補習班之前慎重考慮就好，在決定了補習班之後，就放心把孩子交給補習班全權處裡吧，「信任」有時候不僅是一種利他的美德，同時也會產生利己的完美成果。不過，儘管常對家長這麼說，前幾天因為擔心臨考的九年級學生壓力過大，於是與他們分享吃香蕉皮可以紓壓的科學新知之後，隔天果然就又有學生跑過來問我：

「老師，您說吃香蕉皮可以紓壓是不是跟我們開玩笑的？因為我回去跟我爸說過之後，我爸笑我：『香蕉皮哪可以吃，你怎麼那麼笨！你們補習班老師說的都是騙人的啦！』」

18 關於一個女孩的故事

我認識一個女孩，當時她就讀國中，外表平平，卻總是一副楚楚可憐的模樣。

女孩在國中一年級的時候，學校的班導師常常打電話與她的家長聯絡並約談見面，因爲他發現女孩的行爲有怪異性的嚴重偏差，希望聯合家長的力量一起爲她進行矯正，沒料到後來不久，居然傳出這位班導師對她性騷擾。「老師居然跟蹤我到女生廁所去……」，她淚眼婆娑地向母親哭訴，女孩母親氣沖沖地到學校質問老師並要求轉學，據說在辦妥手續之後，那位班導師在她們離開學校時，狠狠地瞪了她們一眼，眼神中充滿了怨恨、不滿與無奈。

後來我就成爲她新學校的班導師。坦白說，一開始我也認爲她是被欺侮的受害女孩，加上她外表楚楚可憐的模樣，所以，對她是百般呵護與照顧。但才轉學過來不久，我發現她的交友能力很強，一下子就是班上風雲人物，全班同學都跟她相當要好，不過，事情就開始接二連三地發生了。

有一次，有位學生家長打電話跟我投訴，她的小孩子居然在學校喝啤酒，酒是學校的某位同學供應的。我相當震驚並重視這件事情，約談了幾位相關的學生展開調查，一開始他們都說沒有喝酒，後來又改口說喝的是「啤兒綠茶」，最後經我曉以大義之後才漸漸吐實承認不諱，而且所有人都指稱是那位女孩所提供的，他們都希望我不要說出去：「她要我們打死都不能承認，頂多就說是啤兒綠茶，如果被她知道是我說的，我就死定了……。」

「我沒有買酒啦！老師你都誤會我、冤枉我……」不管我如何追問，她就是擺出相當無辜的模樣哭給你看，坦白說，我還眞的第一次遇見城府這麼深的國中學生。

慢慢地，我發現她開始搞小圈圈，與她合的就是同黨，不合的就開始排擠，甚至揪眾帶頭去向對方嗆聲，相當囂張。我擔心會發生類似霸凌的事件，趕緊約談企圖阻止，「老師，我沒有啦，我只是跟著大家去看熱鬧而已，您都誤會我……。」又是一副含著眼淚的可憐模樣。

我傻眼，發現這個女孩眞是不簡單。

事情眞的接二連三地發生。班上有位同學的手機被打爆，同學的家長到校質問，據這位電話被打爆的學生說，就是那位女孩向她借手機打電話，害他要付將近萬元的天文帳單。這件事因爲已經牽涉到金錢，我必須約談雙方家長到校和解，此事過後沒幾天，沒想到女孩家長居然打電話給我：「老師，您要不要再好好重新調查一下這件事情，因爲我女兒說她沒有打這些電話，而且我查過通聯紀錄並試著打通這些電話，發現回應的都是成熟男人的聲音，我女兒小小年紀，怎麼可能認識這麼多男人？」

我很想好好跟女孩家長解釋這件事情、並告訴她事態嚴重性，但忽然發現眞的無法啓齒，一來我的證據都是學生自白，沒有其他有力的佐證，力量實在太薄弱，另外這位女孩總是表現出相當無辜的可憐模樣，讓人無法去懷疑她，要不是我教育經驗豐富，恐怕我也會被她矇蔽。於是，我敷衍承諾女孩家長會重新愼重調查，事實上心中開始盤算如何與她展開周旋。其實女孩的家長並不是不明理，甚至對她的管教也相當嚴格，可是，卻還是被她的女兒玩弄在手掌中。「我當然相信我的小孩，你看她這麼無辜的樣子，像是說謊的壞孩子嗎？」

忽然想到她之前學校的那位班導師，他的挫折感一定相當重。我猜當時那位老師一定想好好協助女孩走向正途，當女孩發現好事的老師是她絆腳石的時候，就設計陷害，不幸地那位班導不查或輕估女孩的心機，直接跌入女孩設好的陷阱中。我知道這次面對的對手是空前絕後的難纏，但萬萬沒想到好戲真的還在後面。她每天上學到校之後，就立刻會戴上有色的隱形眼鏡，並接上假髮，打扮地相當漂亮，然後向所有長得還算過得去的男生挑逗，包括男同學與年輕男老師。幾位男同學居然爭風吃醋地爲了她打架，還有幾位男老師居然上課還受她擺布要求該上什麼、要上什麼，甚至還要求做個別的課業輔導。我一方面爲了擺平學生們的爭端大傷腦筋，一方面還要找這幾位男同事商談，請他們堅定老師該有的立場，也要注意她設計好的桃色陷阱。沒想到有位老師居然回我：「你怎麼會覺得她是壞學生呢？你不覺得她很楚楚動人嗎？」

我的天！我敢保證這位老師已經昏頭了！

天下分久必合。升上國三之後沒多久，終於傳出她有固定男友了，對象是同班男同學，因爲他們常在幾個地點「喇舌」被同學與老師撞見。我知道與她談再多都已經沒有用，也無法請家長在這方面協助處理，因爲她爸媽對她是不會有任何懷疑的。所以，在無法可施的情況下，只好消極地故意在上課時有意無意地虧他們，希望他們有所節制就好，但後來實在忍無可忍，因爲他們上演的火熱行爲越來越誇張，甚至在教室就直接「喇」了起來，並傳爲學校中學生與老師間的趣談話題。我終於忍不住鐵著臉、嚴詞對全班說道：「哪位同學在教室或學校中做出太過分的火熱行爲，我拼著命都一定會通知你的父母！走著瞧好了！」

我的堅決態度似乎產生了一點效果，他們的確收斂許多，只是沒想到，果真又應了「合久必分」的道理，女孩即使有了固定男友，卻還是到處招蜂引蝶，讓男孩醋勁大發，但女孩根本不理會男孩的感受，依然我行我素，於是不久之後就宣布分手。想想一個正常的國中學生，年齡正處於青澀純情的青少年階段，那男孩必定用情很深，因爲這次分手，居然就要轉校。「我不想再看見她，更無法接受看見她與其他男生打情罵俏的樣子，我恨自己居然愛上這種水性楊花的花痴！」

「水性楊花的花痴！」這對女人而言是一個相當嚴厲指控的形容詞，沒想到居然出自一位國中生的口中、而對象居然也只是一位國中生，甚至我居然還有點同意。

已經接近基測了，女孩還是照樣與一大堆男生鬼混，不管是同班、同校，或是外校成人，據同學傳言說，女孩曾經在半夜兩三點偷偷瞞著熟睡中的家人，跑到外面跟男生約會。對這種事已經完全無能爲力的我，只能做我還有能爲力的事，那就是嚴格希望他們在校時間能努力用功準備基測大考。只是女孩並沒有把心思放在書本上，有次上課時居然還戴耳機聽音樂，根本不把老師放在眼裡。她母親曾到校埋怨我無法讓她女兒功課進步，我有點動氣地回答她說：「你難道都不知道你女兒不受教嗎？她不受教，我能有什麼作爲？」接著，我像連珠砲一樣，企圖宣洩沉積已久的不滿，開始說出她女兒在學校的種種，女孩母親越聽臉色越來越難看，不敢置信地回答我：「有這麼嚴重嗎？」

「你要相信我！」我眞的很誠懇地對女孩母親說道：「否則你忽然之間成爲一位年輕的外婆，就不會是件太意外的事！」看著她母親難過地啞然無言，我畢竟還有殘存的教育良知，對自己的言重感到些許歉意，就安慰著她說：「其實現在我們注意還來得及，我是老師，一定要扮黑臉，希望有朝一日她會知道我們所作所爲都是爲她好……。」此時，我忽然又想到她在前一個學校的那位班導師的經歷，不希望重蹈覆轍，所以鄭重聲明：「因爲我扮黑臉，她受到壓力之後，回家一定會跟您說我的壞話，到時請您務必堅定立場相信我！」

「那當然！太感謝老師了！」女孩母親一定感受到我的誠心誠意。只是我擔心的事還是果不其然地發生了，女孩家長就在隔天又打電話給我：「老師，我想是我們誤會她了，她說都是男生拼命追她，她根本不想理他們。唉，我沒事生了一個漂亮女兒還眞是傷腦筋的事不是嗎？……對了，她說她那天上課戴耳機就只是戴著，並沒有聽音樂，請老師不要誤會她啦！」

我敗了！即使好強且企圖心旺盛的我，也不得不承認自己敗了。在後來她畢業典禮走出校門之後，我居然深深呼了一口氣，心情一下子輕鬆起來，儘管也還是有一點點爲她感到擔心與難過。事情其實已過了好久，這件事卻一直深深烙在我的腦海中揮之不去，我自認自己是位認眞盡職的好老師，對無法幫助她學好感覺相當遺憾。

如果你是我，你會如何去做呢？

【後記】

這是一位學校老師告訴我的眞實故事，我的文筆太差，實在無法完全描寫出那位學生的可怕與這位老師的無奈。只是希望家長們能多用一點心，並給好的老師一點掌聲，不要讓他們的教育熱誠沒一下子就消失殆盡，否則我們的國家未來眞是可憂呀！

19 謙虛與菩薩心

不論程度，不論高低，凡為人者均好為人師，因為，能向別人炫耀自己的才華，可以顯現自己的與衆不同與高人一等。尤其眞的成為人師之後，如果你的修養沒跟上學識，就很容易得意忘形，所以，每當我遇見教學認眞、虛懷若谷的好老師時，都會向他們表達崇敬之意。

只可惜，天下人平凡者居多，聖人是可遇不可求的。記得小時候，祖母常咬牙切齒地罵某些老師是「老豬」，志向即為當老師的我，感覺不以為然，但隨著年紀漸長，每每憶起祖母當時感受，開始慢慢有了體悟。雖然自己身為教師，卻最討厭跟職業是老師的陌生人在一起，舉凡跟團旅遊或參加喜慶宴會，周圍如果有身分是老師的陌生人，他們說話與態度的那種不可一世的囂張、目中無人的跩樣，就相當令人不敢恭維，特別是在學校任教的那些老師，因為掌有學生成績大權，在學校內作威作福慣了，下課在外時，常常會忘記自己的身分，而繼續把別人當做自己學生般地耀武揚威。儘管不可否認的，許多老師確實是實實在在的好老師，但是我的這番「偏見」，卻是那群自以為是的老師長期以來給我的印象。並不是說我所熟識的老師就不會這樣，而是因為他們認識我、知道我是誰，所以也許就會比較收斂。

然而，撇掉教師在外的行為不談，就討論本職的教育作為就好：長期與許多老師相處，我發現了許多「行為偏差」的老師模式，就是因為不夠謙虛。他們自認高高在上，學生都是低等動物，所以就產生了偏差認知，而具有這些特質的老師，不論你的教學熱誠有多麼地高，坦白說，絕對都不適任教育這個行業。有些老師喜歡以具有羞辱意味的言語或舉動來「激勵」學生，認爲這樣子可以讓學生化羞愧、氣憤爲向上的動力，對此我是深深質疑的，因爲，中學生正値青春期，脾氣任誰都無法控制，要是效果適得其反，恐怕後果不堪設想；假設眞的有作用，由於心裡留有創傷，儘管長大後有成就了，他通常會將這種可怕的經驗轉嫁給他的家人、子女、公司部屬等位階比他低的人，因爲他認爲他的成功原因，是來自這種幾近變態的做法，所以他會想複製。如果這種人是一位教師，那眞的會遺禍萬年，因爲他所教育出來的學生，心中都一定會潛藏這種暴力因子，以後有機會，一定會再轉嫁給下一代、再下一代、再下一代！

這種變態的暴力對待不見得只是語言或舉動，有時候，有些老師習慣以「考試題目」來表現，特別是一些名校。入補教這一行近四十年來，本以爲看過許多荒謬的學校段考題目，再怎麼樣也不足爲奇，但台北市中正區的某明星國中，歷次段考理化考題的內容，難度之高，令我瞠目結舌到無比氣憤！的確，絕大部分題目都與課程有關，但是它的延伸度、思考的多方性，已經到一般人無法應付的地步，我相信，就是請他們學校的所有理化老師在應答時間內來做答，都應該沒有人可以滿分，甚至達不到九十分，這種難度的考題，爲何要給學生作答？如果應考的對象是資優生，那還無可厚非，可是這卻是對全校一般學生的普及段考試題！我有一位資質平庸、卻相當認眞求學的好學生，他這次段考只考四十八分，依我對他程度的了解，他應該有八十分左右的實力，可是他在這次段考之後，幾近崩潰似地吶喊：「我眞的有那麼差勁嗎？爲何怎麼唸都唸不會……？」看在眼裡，心中對他相當不捨且心疼，我不客氣咒罵這位出題老師：你美其名是出題用心，但出這種近似虐待的考題，毀掉學生的信心、毀掉學生的未來，你就不怕下第十九層地獄嗎？

一位好的老師，所有的教學手段，都應該視學生的學習效果爲第一目的。有一回在台北車站附近的某家大型補習班，巧見一位年輕的數學教師在上課，他相當慣用技巧，卻將很平常的題目複雜化，寫了滿滿的一個大黑板，然後興奮地轉頭對學生說：「這一題很難對不對？我很厲害吧！」自他驕傲的表情，再對照全班學生滿臉狐疑的樣子，我實在想不透他在得意什麼？把難的題目化成容易、把複雜的題目變簡單，才是一位好老師的應有做爲呀！所有職業中，「教師」是最接近菩薩行爲的一個行業，包括我以及所有身爲老師者，要記得時時謙虛、並拿出您爲學子設身處地著想的菩薩心，務必要以造福人間、積德永世爲教育者的一生志業才是！

編後語　不一樣的空氣分子

難道這裡的空氣分子組成與都市不一樣？

每次到這裡下了車，清新的空氣必定讓我精神一振！這裡是宜蘭大同崙埤村，老婆的娘家就在這裡，群山環繞間有幾塊面積合計大約一甲的農地，原本租給別人種植農作物，但是最近，我們有了新的計畫。

「不如把出租的土地收回來，我們自己來做！」沒想到我的提議立刻獲得老婆的贊同，於是，自去年開始，從申請設置資材室到土地規劃，忙得不亦樂乎。雖然與大多數人一樣，想投向自然、縱身原鄉，但我們回歸農村的理由，其實還有更遠大的想法。「如果把鄰近親友的土地做系統性的一貫規劃，統籌運用，豈不更具發展性？」

我們的想法並非莫名，其實，鄰近的親友土地，有人種植柑橘、有人種植茶葉、還有人種植咖啡，甚至有梅櫻種苗等，總面積高達二十餘公頃，但繽紛的內容就是沒有系統性的宣傳，所以收益總是有限。請別說我們俗氣，再多的理想如果沒有金錢的奧援，那都只是空談而已，而政府也應該更積極輔導農民，爲他們的作物做更有效率的推廣與銷售，我想，一定會有更多人願意回歸農村。不過，我這個都市鄉巴佬，眼前就先做好自己的事。

眼見我的基地——九聊道場——即將完工，滿滿胸中的願景隱然勾勒趨於明顯。眞的好喜歡這裡的空氣，我眞的很確定！

因爲這裡的空氣分子組成，一定與都市不一樣！

圖書館出版品預行編目(CIP)資料

衷道/水鳥師著. -- 初版. -- 臺北市 : 五
圖書出版股份有限公司, 2024.08
面 ;　公分
N 978-626-393-530-3(平裝)

ST: 自我實現

.2　　113009863

4B27

初衷道

作　　者—水鳥師
企劃主編—王正華
責任編輯—金明芬
封面設計—封怡彤
出 版 者—五南圖書出版股份有限公司
發 行 人—楊榮川
總 經 理—楊士清
總 編 輯—楊秀麗
地　　址：106台北市大安區和平東路二段339號4樓
電　　話：(02) 2705-5066
傳　　真：(02) 2706-6100
網　　址：https://www.wunan.com.tw
電子郵件：wunan@wunan.com.tw
劃撥帳號：01068953
戶　　名：五南圖書出版股份有限公司

法律顧問：林勝安律師

出版日期：2024年8月初版一刷
定　　價：新臺幣300元

所有・欲利用本書全部或部分內容，必須徵求本公司同意※